"Con gran elocuencia y dramatismo, N. narra su cotidianidad y consulta fuentes que se extienden de Sócrates a Kant para describir el inframundo de los indocumentados. N. encuentra consuelo en su formación académica y su don para la reflexión conforme contempla el lento y frustrante proceso de reforma migratoria. Por medio de su narrativa, N. les da voz a millones de personas que, por necesidad, viven en las sombras".

—*Booklist*

"Con un lenguaje poético, este mexicano indocumentado… describe su prolongada jornada que va desde el angustioso cruce de la frontera hasta volverse un orgulloso esposo, padre y dueño de casa".

—*Library Journal*

"Quizá porque estamos acostumbrados a pensar en ellos de manera colectiva —como 'inmigrantes ilegales' o 'los indocumentados'— es sorprendente que una voz única nos confronte. Hace aproximadamente veinte años, José Ángel N. se infiltró a Estados Unidos entre penumbras desde México, su país natal. Ahora nos habla en un inglés sofisticado. José Ángel es un hombre cosmopolita en un país donde se le sigue tildando de 'ilegal'. Trabaja de traductor; lee filosofía alemana; su esposa es ciudadana estadounidense; juntos tienen una pequeña hija. Desde la ventana del rascacielos donde vive puede ver el Lago Michigan; en la pantalla de su computadora, el rostro de su madre aparece en su casa verde en Guadalajara. Este libro está lleno de ironías. Pero quizá la ironía más grande sea que José Ángel nos ha estado estudiando, y que nos conoce mejor de lo que nosotros lo conocemos a él".

—Richard Rodriguez, autor de *Darling: A Spiritual Autobiography*

"N. le pone un rostro humano a la 'sombra' que es él en nuestra sociedad y nos muestra que junto a los otros once millones de indocumentados —que viven y trabajan en nuestro país— merecen salir al sol".

—Brandon Bisbey, *El BeiSMan*

"*Ilegal* es una historia feliz y amarga al mismo tiempo, porque [José Ángel] cumplió el sueño americano —alcanzó una situación económica estable— pero ha tenido que mantenerse siempre con un perfil bajo, mirando por encima de su hombro, temeroso de perder en un instante todo aquello por lo que se ha esforzado por años... Este libro, cuyo valor testimonial no debe subestimarse, está escrito en inglés, lo cual es una muestra contundente de que este mexicano pisa fuerte, rompe estereotipos y está comprometido con su futuro".

—Martha Bátiz, autora de *De tránsito*

"No hay suficientes escritores que tengan el valor de arriesgarse a narrar su historia en condición de indocumentados. *Ilegal* nos brinda un importante testimonio del tipo de vida que un inmigrante indocumentado puede vivir cuando tiene las oportunidades que N. ha tenido. Desde que comencé a leer este libro no pude dejarlo".

—Rita E. Urquijo-Ruiz, autor de *Wild Tongues: Transnational Mexican Popular Culture*

"La narrativa de N. desacredita el debate polémico sobre la inmigración que prolifera entre aspirantes políticos, expertos y asesores en Washington. Las reflexiones filosóficas de N. trascienden las disputas irresponsables sobre las contribuciones de la población indocumentada. Mientras el fenómeno de la inmigración exista, este libro seguirá siendo lectura obligada".

—Paul Guajardo, University of Houston

"*Ilegal* es ciertamente un libro de memorias, pero también es una crónica y una historia severa de la política y la cultura estadounidenses. Es contundente, mordaz y ardua de leer debido a su afán de no desinfectar el tema. Su prosa es embriagante, catártica y, quizá, potenciadora".

—Antoinette Burton, coeditora de *World Histories from Below: Dissent and Disruption, 1750–Present*

"José Ángel N. no tiene ciudadanía ni estatus legal, pero tiene valor. Su libro de memorias es una historia inquietante en primera persona de su vida en dos mundos, una narrativa apasionada y lírica del *ser* indocumentado. Está y no está aquí, se compromete y se desvincula, es real y ficticio, visible e invisible. Vive con una conciencia plena y en perpetuo conflicto. La obra clásica de Ralph Ellison, *El hombre invisible*, ofrece un modelo literario para entender *Ilegal*: un hombre afroamericano de identidad y estatus invisibles explora una forma profunda de alienación. Esta es, de muchas maneras, la vida de José Ángel".

—David Potash, Wilbur Wright College

"Como toda historia interesante, la de José Ángel es la historia de un fracaso que en su intimidad tiene algo de triunfo... permanece estancado en una suerte de limbo: una ciudad invisible donde confluyen la memoria del pasado y la angustia del presente, un punto donde se intersectan el inglés y el español, la desilusión y la esperanza... José Ángel penetró en el laberinto de la lengua con la curiosidad y entusiasmo de un niño. Su elección del inglés no es, como él mismo en muchas ocasiones piensa, una decisión fría y racional. Es más bien un acto de amor y de fe".

—Marco Escalante, del prólogo

ILEGAL

LATINOS IN CHICAGO AND THE MIDWEST

Series Editor
Frances R. Aparicio, Northwestern University

A list of books in the series appears at the end of this book.

José Ángel N.

ILEGAL

Reflexiones de un inmigrante indocumentado

Traducido por Verónica Murguía,
en colaboración con el autor

Prólogos de Marco Escalante y Francisco González Crussí

UNIVERSITY OF ILLINOIS PRESS
Urbana, Chicago, and Springfield

The Library of Congress has cataloged the English-language version
of this book as follows:
N., José Ángel.
Illegal : reflections of an undocumented immigrant / José Ángel N.
pages cm. — (Latinos in Chicago and Midwest)
ISBN 978-0-252-03831-0 (hardback) — ISBN 978-0-252-07986-3 (paperback) —
ISBN 978-0-252-09618-1 (e-book)
1. N., José Ángel. 2. Illegal aliens—Illinois—Chicago—Biography.
3. Mexicans—Illinois—Chicago—Biography. 4. United States—Emigration
and immigration—Social aspects. I. Title.
F548.9.M5N3   2014
305.868'720787311—dc23   2013032194

Spanish-language version: ISBN 978-0-252-04238-6 (hardcover) —
ISBN 978-0-252-08417-1 (paperback) — ISBN 978-0-252-05122-7 (e-book)

Algunos de los nombres se han cambiado para proteger
la identidad de los personajes.

A mi esposa, D——,
con gratitud.

Ambos hechos están relacionados, escribir y destruir,
ocultarse y ser descubierto.

—ROBERTO BOLAÑO

CONTENIDO

Muros

Propongo leer este libro de una manera inusual. Aunque se presenta como un recuento basado enteramente en hechos reales, tratemos de leerlo como si fuera ficción. Optar por este camino no es difícil: se sabe que la memoria transforma lo vivido, que conforme recupera los escombros del pasado, va creando una nueva realidad; se sabe también que, al escribir un libro de este tipo, el autor selecciona ciertos hechos, ideas, estructuras narrativas, en su afán de poner orden allí donde rige el caos. Nada más natural que la simbiótica convivencia del recuerdo y la imaginación: la imaginación no miente; suma, agrega, otorga relevancia a una realidad que de otro modo no rebasaría los alcances de una copia. Los mejores testimonios personales son precisamente aquellos en los que el autor se convierte en personaje, en una suerte de arquetipo que trasciende las circunstancias de su estrecha realidad individual. José Ángel, me parece, es precisamente eso: un personaje. Y el autor de *Ilegal,* al crearlo, ha seleccionado cuidadosamente aspectos de su vida y de su ser, y los ha descrito de tal modo que su verdad ya no es la verdad estrecha del testimonio objetivo, sino la verdad mayor de la obra literaria. En las mejores memorias, repito, no solamente habita el que fuimos y somos: también mira, desde la penumbra, la encarnación de un sueño secreto, un doble que melancólicamente cubre la llaneza de nuestro ser rutinario.

No me asombra por ello, en absoluto, que José Ángel se compare, en una de las partes más brillantes del libro, a Yanko Goorall, el personaje entrañable de un cuento de Joseph Conrad, "Amy Foster". Como Yanko, José Ángel llega a un país que no corresponde en absoluto al país de sus sueños. Ambos marchan a una América idílica*, generosa con las ambiciones humildes de los inmigrantes del mundo entero; pero llegan a un territorio hostil que les permite vivir, trabajar e incluso casarse, sin jamás aceptarlos por completo. Como en el caso de José Ángel, el problema fundamental de Yanko, al principio de su aventura, es el lenguaje. Proveniente de un pequeño país europeo, náufrago que va a parar a una villa atrasada y prejuiciosa de Inglaterra, Yanko es como un recién nacido, arrojado del vientre del mar sin más don que un elemental instinto de supervivencia. Sus palabras, para los aldeanos, son balbuceos misteriosos, sonidos que remiten a la locura o al mal. La orfandad de José Ángel es similar: al principio no habla, balbucea; y su dialecto precario remite a otro territorio de la transgresión: la ilegalidad. El oficial Grand que humilla a José Ángel, no está muy lejos de aquellos aldeanos que ven algo demoníaco en la vitalidad de Yanko Goorall: carece de la apertura espiritual que permite hallar en la diferencia posibilidades de enriquecimiento mutuo.

Acaso lo más destacable en el libro de N. sea la presencia del inglés como tópico recurrente. En muchas partes del libro aparece como un instrumento de superación personal. Sin embargo, en esos momentos en que el personaje profundiza en su experiencia, el inglés queda despojado de su carácter utilitario y se convierte en la obsesión de un individuo con sensibilidad literaria. José Ángel realmente quiere aprender inglés, pero no como la mayoría de nosotros. Lo que él busca es una relación íntima con su nueva lengua, no un mero aprendizaje. No se trata solo de aprender palabras, estructuras sintácticas, modismos y jergas. Se trata de aprender lo imposible: el pulso, el

---

* A lo largo del texto, la palabra "América" aparece como sinónimo de Estados Unidos. Esta es una decisión estilística de los autores que se ha respetado en la traducción cuando su uso es metafórico. Nótese más adelante, por ejemplo, la connotación sexual del pasaje donde el autor de *Ilegal* penetra el territorio de Estados Unidos de manera clandestina.

latido físico, la materialidad de la lengua que solamente emerge de las relaciones fonéticas. Se trata, en suma, de sentir la nueva lengua como un ente vivo, y no como un simple instrumento. Ello es evidente en los momentos en que el inglés se convierte en materia de un discurso lírico. José Ángel confiesa su anhelo de lograr que las palabras fluyan de su boca como "miel", es decir, con un ritmo preciso, sin la prisa del agua ni la lentitud del barro; sin los accidentes del acento foráneo. La fluidez es dulzura, armonía sensual, consumación ideal del encuentro amoroso entre el inmigrante sensible y su nuevo idioma. El amor que establece una relación de intimidad con las palabras, tanto del inglés como del español, aflora en una conversación aparentemente trivial que figura en las páginas finales del libro. Tras un intercambio breve con su esposa en torno a la palabra "leafy", José Ángel grita, enfatizando cada sílaba ante el rostro estremecido de su hija, la palabra "frondoso", con esa transparencia de alma con que Yanko Goorall le habla a su pequeño bebé en el idioma de sus ancestros. José Ángel, sin embargo, es más afortunado: su esposa no es Amy Foster.

Otra constante en el libro es la filosofía. No se trata, sin embargo, de un elemento secundario, como engañosamente sugieren esas páginas dedicadas a la universidad de Lake Forest, donde el narrador, contemplando la grisura de la tarde, imagina que ese ambiente indefinido es el ideal para comprender las vaguedades de la filosofía germana. No, la filosofía desciende de su olimpo abstracto y cumple la tarea sencilla de iluminar la existencia de un hombre anónimo, proporcionando mitos, metáforas, principios e ideas de las cuales José Ángel se apropia para explicar la singularidad de sus circunstancias. Tan pronto como cruza la frontera, el hombre se transforma en un fantasma: es ahora un habitante de la caverna platónica, imposibilitado de acceder no al mundo de las ideas, sino al mundo concreto de las transacciones culturales, políticas y financieras porque sencillamente carece de voz, voto y capital. La dualidad platónica le sirve a José Ángel para señalar, con todo el poderío de los mitos, el muro que define su vida y la convierte en un derrotero permanentemente dilemático, plagado de oposiciones: caverna–cielo abierto, oscuridad-luz,

UIC–Lake Forest, cocina-comedor, español-inglés, México–Estados Unidos. Y el muro siempre en medio, como un obstáculo insalvable que impide el libre flujo del *ser*.

La única manera de salir de la caverna es aprendiendo a hablar inglés. Migrar no es solamente conquistar un territorio; es también conquistar su idioma. El narrador transforma la fórmula cartesiana para sintetizar el momento de tal revelación: "Así, gracias a una poderosa necesidad de existir, me di cuenta, de una manera muy cartesiana, de que primero debía hablar y solo entonces podría ser". Permanecer estancado en el español, como los familiares que le brindan asilo en Chicago, es una opción conformista y limitante, un modo de prolongar el pasado. La decisión racional, cartesiana, es nacer de nuevo, aquí y ahora: aprender a caminar —y hablar— hasta encontrar la luz que espera fuera del hoyo. Es doblemente significativo el recurrir a Descartes. En la ardua tarea de construir su propio método, el filósofo francés levantó un muro entre su pasado y su futuro: todo lo aprendido en el liceo, en la universidad, en el hogar, fue válido mientras su razón carecía de la fuerza necesaria para independizarse; con la madurez, había llegado el momento de cuestionar los saberes heredados, de partir de cero poniéndolo todo en duda. En *Ilegal*, el narrador añora su pasado, pero lo intuye saturado de inocencia; se ve entonces en la necesidad de crecer, de migrar no solo en términos territoriales, sino, aún más, en términos de conciencia. Su viaje se transforma en exploración existencial, y el sueño, que en un principio parecía limitado a las aspiraciones materiales, se ensancha y ahora abarca la promesa de una herencia cultural que no sabe de fronteras.

Descartes define, entonces, el punto inicial de la esperanza. Pascal abre el sendero de la desilusión. Abrumado por los obstáculos que todo indocumentado encuentra en la sociedad estadounidense —las humillaciones a que los somete la autoridad, la vida semiclandestina, el temor constante que implica usar casi a diario documentos falsos, la imposibilidad de aceptar puestos de trabajo que requieren viajar— obligan al narrador a evaluar objetivamente sus nuevas circunstancias: "Con un extraño giro de la ironía, este último descenso mío se dio al mismo tiempo que yo ascendía hacia la clase media estadounidense. Al ser jalado por los dos extremos me he convertido en una criatura híbrida de oscuridad y esperanza, una criatura que logra arañar las alturas de la prosperidad, pero que permanece enraizada de forma permanente en la desgracia... Blas Pascal escribió que todos los problemas del hombre se suscitan debido a su incapacidad de quedarse tranquilo en su casa. Me invadió una agridulce mezcla de culpa y satisfacción. De ser cierto que al dejar México yo había convocado todo el vacío, la humillación y la tristeza que me rodeaban, entonces también era verdad que, si me quedaba en Chicago, me ahorraría el encuentro con los restantes males del universo... De ahí en adelante, la máxima de Pascal se convertiría en mi principio rector".

El texto original de Pascal es mucho más que una máxima, y se enfoca primordialmente en los tormentos de la conciencia y el ensimismamiento que acosan precisamente al hombre que sabe quedarse en casa totalmente quieto. Lo que hace el narrador de *Ilegal* es trasladar los conceptos abstractos de Pascal a un mundo palpable, susceptible de ser corroborado geográficamente. Como en el texto de Pascal, la ausencia de desplazamiento no garantiza la tregua: la ansiedad, los problemas materiales, continúan multiplicándose, bien en la habitación o en Chicago. La vida le enseña a José Ángel que el principio de Pascal es paradójico: hay que huir, hay que moverse, en busca de los "males restantes del universo", como si el único modo de conjurarlos fuese dándoles la cara.

Como toda historia interesante, la de José Ángel es la historia de un fracaso que en su intimidad tiene algo de triunfo. José Ángel es todavía indocumentado, a pesar de haberse casado con una ciudadana estadounidense y de tener una pequeña hija con ella. La ley de reforma migratoria es una ilusión remota, y José Ángel permanece estancado en una suerte de limbo: una ciudad invisible donde confluyen la memoria del pasado y la angustia del presente, un punto donde se intersectan el inglés y el español, la desilusión y la esperanza. Pero esa decisión inútil de estudiar filosofía y literatura, de penetrar el inglés más allá de lo estrictamente necesario, tiene una recompensa moral cuya prueba es este libro. El lenguaje es ante todo portador de cultura. En cuanto uno lee a Emerson en su idioma original, olvida que la lengua es una herramienta de ascenso social. La seducción ha comenzado y ya no hay, afortunadamente, manera de marchar atrás. Sospecho que esta es la razón profunda por la cual el original se escribió en inglés. A diferencia de esos escritores formados que aprenden a escribir en inglés con la finalidad de establecer una distancia metódica con respecto a su origen y su lengua nativa, José Ángel penetró en el laberinto de la lengua con la curiosidad y entusiasmo de un niño. Su elección del inglés no es, como él mismo en muchas ocasiones piensa, una decisión fría y racional. Es más bien un acto de amor y de fe.

PRÓLOGO
Francisco González Crussí

Durante la Segunda Guerra Mundial, antes de que las fuerzas norte-americanas desembarcaran en Sicilia, el general George S. Patton arengó a sus hombres con su inimitable e incisivo estilo, diciéndoles que "Cuando desembarquemos nos encontraremos con soldados italianos y alemanes que será nuestro honor y un privilegio atacar y destruir. Muchos de ustedes llevan en las venas sangre italiana y alemana, pero recuerden que estos ancestros suyos amaron de tal forma la libertad, que renunciaron a su hogar y su patria y que, cruzando el océano, fueron en busca de la libertad. A los ancestros de los hombres que habremos de matar les faltó el valor necesario para hacer semejante sacrificio y continuaron siendo esclavos".

Así, el irreprimible general aludía a una idea que gozaba de gran crédito en la sociedad estadounidense de aquel entonces: a saber, que los inmigrantes representaban a los sectores más energéticos, emprendedores, dinámicos y amantes de la libertad de sus países de origen, mismos que se habían visto obligados a abandonar. El corolario es que Estados Unidos de América haría bien en recibirlos, pues la influencia de estos individuos que buscaban oportunidades de forma tan activa, no podía sino redundar en el aumento del bienestar general.

Sin embargo otra, muy distinta, percepción de los inmigrantes se había puesto en marcha por esos tiempos. Este era un rechazo instintivo y lleno de odio por los recién llegados, un rechazo más o menos cubierto por un atuendo ideológico. Las expresiones del connotado sociólogo estadounidense Edward Alsworth Ross, en boga durante la primera parte del siglo XX, eran exponentes de esta actitud. Las reflexiones concebidas mientras miraba a un grupo de inmigrantes que llegaban del sur de Italia, muestran que los consideraba mucho menos que admirables. Para él eran "hirsutos, de frente estrecha y caras grandes, personas que poseían, obviamente, un bajo nivel mental". Estaban vestidos con sus mejores ropas domingueras, tratando de dar una buena impresión en su nuevo país, pero para Ross estaban "fuera de lugar" con sus camisas blancas de cuellos almidonados y sacos oscuros, ya que ya los había definido como "hombres semejantes a bueyes", no aptos para usar ropas finas y vivir en habitaciones decorosas; para él "deberían ir vestidos con pieles y vivir en chozas de barro y ramas". Estos eran los sentimientos que la visión de los inmigrantes suscitaban en muchos. Estas personas, italianos en su mayoría, eran obviamente distintos a las anteriores oleadas de blancos europeos del norte que habían llegado a Norteamérica.

La ironía en todo esto, como señaló David M. Kennedy, profesor de historia en la Universidad de Stanford, en un artículo que apareció en la revista *The Atlantic*, es que las personas que Ross describió de la forma menos halagüeña posible, con malicia y evidente racismo, eran los padres de aquellos soldados que componían las tropas a quien Patton arengaba en la víspera del desembarco homicida que tendría lugar en 1943 en Sicilia. Vale la pena enfatizar este punto: la contribución humana de los inmigrantes es incalculable. No importa qué tan miserables se vean: cada ser humano es un ente irremplazable. El emplazamiento de las vidas humanas tiene, por su misma naturaleza, consecuencias incalculables. El éxodo demográfico es, sin duda alguna y a fin de cuentas, una pérdida onerosa para el país que expulsa y una ganancia para el que recibe. Pero esta ganancia es una recompensa que no puede ser medida y por eso escapa a los cálculos acostumbrados que miden las ventajas y los inconvenientes de la migración ilegal.

No se puede disputar el derecho de cualquier país a determinar quién es admitido, cómo y cuándo. Esta es la ley, cuya necesidad actual nadie en sus cabales podría discutir. Por esto, aquellos que entran o se quedan en el país de forma ilegal (en estos momentos se calcula que son más de once millones) son acusados de cometer un crimen. La definición de crimen en el diccionario nos informa que crimen es "cometer un acto que está prohibido o la omisión de un acto que es ordenado por la ley pública de un estado soberano para perjuicio del bien público y que obliga al acusado a ser castigado por dicha ley". En otra definición, la actividad criminal es, de forma más general, "conducta prohibida por la ley". De acuerdo a estas definiciones, el número de inmigrantes criminales en este país es, simplemente, apabullante. Pero un instinto natural nos sugiere que esto no puede ser así, que hay una problemática incongruencia en usar la misma palabra, *criminal*, para nombrar a un violador y a un jardinero pobre y honrado; así como es un sinsentido grotesco designar con el mismo epíteto a un parricida o a un asesino serial, que a un trabajador honesto y de corazón decente.

Las palabras son herramientas poderosas. Modelan actitudes, definen la altura de las expectativas y determinan la conducta. El lenguaje usado para describir a los inmigrantes los ha retratado casi exclusivamente en la forma de personas que desobedecen la ley. Todas las otras características humanas son borradas por un solo rasgo: su estar fuera de la ley, su criminalización. Este reduccionismo a ultranza se utiliza para justificar los abusos más canallas que se ejecutan en su contra. Hemos visto a aquellos que no tienen papeles para acreditar su legalidad, aherrojados y pastoreados como ganado (de forma significativa en la muy publicitada redada que tuvo lugar en 2008 en una planta procesadora en Potsville, Iowa, cuando casi cuatrocientos trabajadores ilegales fueron detenidos en los terrenos del Congreso Nacional de Ganado de Waterloo y luego sometidos a un procedimiento legal que en palabras de un testigo "parecía la línea de producción de una fábrica de productos cárnicos"). Ahí, unos cuantos defensores de oficio les ofrecieron complicados tratos en los que admitían su culpabilidad, tratos que la gran mayoría apenas podía comprender y que incluían deportación *fast-track*. Actos de esta ralea, desgraciadamente, están lejos de ser raros y están repletos de consecuencias indeseables: allanamientos en hogares de personas inocentes por agentes federales, que actúan a las órdenes de un malentendido; ciudadanos que son detenidos en retenes simplemente por tener la piel oscura y búsquedas indiscriminadas en lugares de trabajo, mismas que ocasionan muchísima tristeza e infelicidad. Además, a la policía se le dan poderes que no deben ostentar y que no están preparados para ejercer con justicia. La comunidad afectada se intimida y, por lo tanto, tiene menos disposición para reportar actividades criminales verdaderas.

"No tenemos nada en contra de los inmigrantes; es a los ilegales a quienes nos oponemos" reza una de las sentencias más trilladas de las que echan mano los editorialistas. Pero aquél que haya sido testigo cercano de los sufrimientos de estos infortunados encontrará este comentario ingenuo, en el mejor de los casos, e hipócrita en el peor. Esta fraseología trae a la mente la imagen de una fila ordenada de solicitantes pulcramente vestidos, con portafolios en las manos, esperando turno dentro de las instalaciones de la embajada de Estados Unidos para que se les otorgue la visa de entrada al país. La verdad es que los desharrapados, ignorantes, las masas maltratadas por los elementos, los "sin bañar" que aspiran a obtener un empleo desarrollando trabajos físicos, saben bien que no tienen la menor oportunidad de tener dicha visa. Tampoco irán a solicitarla. El cónsul les pediría que mostrasen evidencia de que tienen una cuenta bancaria, un bien inmueble familiar o alguna propiedad que obstaculizara su deseo de dejar atrás su país y decidir quedarse a vivir en Estados Unidos. Ellos, a su vez, podrían preguntar: "¿Si yo tuviera un patrimonio semejante, por qué desearía irme?"

Pero ser admitido por las vías normales sin tener habilidades rentables es casi imposible. Las opciones, por lo tanto, se limitan: o se languidece, indefinidamente, apenas logrando lo suficiente para vivir y adolorido por la conciencia de que ese mismo futuro cerrado les espera a los hijos, a la esposa y a todo familiar que dependa de uno, o se arriesga todo y se busca suerte en un país donde las mismas vejaciones y esfuerzos padecidos en casa reportarán una ganancia cinco o diez veces mayor.

Los expertos de la televisión y de otras formas de prensa generalmente son indiferentes al hecho de que la mayor parte de los migrantes ilegales salen de sus países como los lobos salen de los bosques, empujados por el hambre. En muchos casos *hambre* es un término que se aplica literalmente: es la urgente y dolorosa conciencia de una prolongada falta de alimento. En otros casos la palabra se usa de forma más o menos figurada: la insoportable frustración de atestiguar que las más legítimas y humanas aspiraciones —tener una buena educación, un techo, la capacidad de proveer para la familia— permanecerán para siempre cercadas por obstáculos y sin satisfacer. No solo de pan vive el hombre y el hambre figurada puede ser tan poderosa y determinante como el hambre física. Pero ya sea impulsado por una o por otra, el recién llegado ilegal será estigmatizado y obligado a "vivir entre las sombras".

El reino de la sombras no es uno al que la gente se asome. De ahí el atractivo único de este libro. Es el trabajo de uno de estos jóvenes emprendedores que se arriesgaron y escogieron el riesgo, para dejar atrás la frustración constante, a cambio de las posibilidades de avanzar y del peligro implícito.

No importa lo que el lector piense acerca de la mirada del autor: su voz merece ser escuchada. No busca simpatía ni llama a la compasión. Él vino, como millones, en busca de una vida mejor y sin intenciones de dañar a nadie. Y aun así está consciente de que una gran parte de la sociedad norteamericana está de acuerdo con el sentimiento de un activista antiinmigración que escribió: "La ley no otorga automáticamente compasión y perdón a los criminales basándose en los motivos que pudieran tener en la comisión de sus crímenes". Así, no hay grandilocuencia en estas páginas, no hay posturas políticas amaneradas ni defensas ideológicas. Hay, simplemente, la narración sincera de lo que significa "vivir entre las sombras", y esto se ha hecho con una sensibilidad rica y un estilo literario ágil, límpido e interesante. Lo que implica la supervivencia en el lado umbrío, nos cuenta, es vivir con una constante sensación de "distancia, clandestinidad, criminalización, vulnerabilidad, miedo, falta de movilidad, exclusión, incertidumbre y humillación".

Y no es la menor de sus cualidades que la narración de una vida tan agobiada por las tribulaciones nos es contada sin un ápice de rabia o resentimiento. El tono dominante es uno que se puede definir como de nostalgia muda, un tono al que no sería incorrecto llamar filosófico. El conjunto es sostenido por un acento lírico, como una frase melódica que, en algunos pasajes, no dudo en llamar poética. Que el autor de este excelente libro haya llegado a este país en posesión de un grado muy bajo de educación (secundaria) es prueba patente del potencial humano contenido en la población inmigrante. El país que sepa aprovecharla verá sus esfuerzos ampliamente recompensados. Con el tiempo, esta población reforzaría las leyes del país anfitrión y le daría nuevo vigor a las artes y, aun si los efectos no se perciben de inmediato, su influencia benéfica sería una bendición para generaciones más distantes. Pero, ¿qué posible ventaja se puede derivar de gente afligida por la constante presión de un sistema que los obliga a vivir llenos de ansiedad y en las sombras?

En los momentos en que esto escribo, Estados Unidos se prepara para una revisión amplia de sus leyes migratorias. Es una tradición central en este país rectificar los errores y defender lo que es bueno, equitativo y justo. Pero al mismo tiempo, se puede percibir el fermento de la intolerancia. Los grupos antiinmigración discuten minucias, declaman, adoptan posturas, pelean, denuncian, se burlan y calumnian. Forman organizaciones muy poderosas. Sus llamados *think tanks* esgrimen estadísticas —las herramientas más volubles—, datos sin digerir y palabras largas. Con el uso hipócrita de la ley inquietan a quienes están mal informados; con la hipocresía de la moral convencional, confunden al incauto. Mientras, una ciudadanía desorientada y honrada, al ver a madres de familia de clase trabajadora con las manos esposadas a la espalda, llorando por no poder dar de comer a sus hijos, exclaman, como lo hizo una mujer que atestiguó la redada en una fábrica:

—¡Debe existir otra forma de resolverlo! Esto no es humano.

¿Y los políticos? En sus discursos pasan rápidamente sobre los dilemas morales, con el temor de entorpecer sus carreras. ¡Ojalá todo aquello que omiten en sus discursos fuera también ignorado en el mundo real! Las arengas políticas siempre reflejan una porción incompleta del problema mientras, de forma sistemática, evitan aludir a los aspectos humanos y dolorosos de la cuestión. Los candidatos presidenciales, acostumbrados hasta la indiferencia a los debates públicos, desarrollan una capacidad para la broma ligera, la elocuencia vivaracha y una casi increíble sensibilidad para discernir cuál es el temperamento y la disposición de un público. Con estas admirables habilidades se las arreglan para brillar presentando ideas en los medios, mismas que no podrían resistir jamás un análisis serio y deliberado.

Todo lo cual añade, de nuevo, a la importancia de este libro. Le da un rostro humano a una masa de individuos que han sido obligados a vivir en la oscuridad, o al menos a la invisibilidad. Sus anhelos, perplejidades y deseos son muchos, pero a la mayoría de ellos les falta el lenguaje, la educación, la habilidad o el valor para articularlos coherentemente. Pero de estas páginas surge una voz que sale de entre ellos, como una voz que emerge de las sombras. Sus palabras no son las esquivas declaraciones de los políticos o las santurronas banalidades que tratan de conciliar a las buenas conciencias. Es, en cambio, una voz que dice:

—Yo estoy aquí y soy un ser humano.

Y con esta sencilla afirmación puede que sacuda a aquellos que se engañan a sí mismos y los enfrente con el hecho de que es vergonzoso abstenerse de hacer aquello que debía haberse hecho hace mucho tiempo.

ILEGAL

UNO
ENTRE LAS SOMBRAS

El sendero del jaguar

Mi vida en las sombras comenzó hace unos diecisiete años. Era una calurosa noche de abril en Tijuana, esa sirena fronteriza que seduce tanto al migrante como al turista con promesas de prosperidad ilimitada y lujuria desbordada. Esa noche me uní a un ejército numeroso, a un ejército anónimo. Bajo la infinita profundidad de la noche y guiados por un escurridizo coyote, avanzamos, descendiendo lentamente las pendientes que el peso ilícito de millones de otras sombras había allanado con el tiempo. Si el sueño americano nos estaba vedado, ¿qué mejor forma de alcanzarlo que penetrando América de noche?

Había antecedentes en mi familia. Además de una incontable brigada de parientes lejanos, dos tíos del lado de mi madre ya habían cruzado a Estados Unidos. Para cuando me llegó el turno de abandonar México, ambos habían vuelto a Guadalajara hacía casi diez años. Su empresa fue un fracaso, pues en ese entonces seguían tan pobres como antes de cruzar. Como mi salida fue apresurada, no tuvimos oportunidad de hablar sobre el cruce. Así, al partir, la idea que tenía yo de lo que me esperaba era algo que compuse con retazos de sus conversaciones. Si mi viaje se iba a parecer al de ellos, entonces sería incómodo, lleno de baches, pero seguro. Me empacarían, como a una sardina, en la cajuela de un coche con muchos otros. Si las cosas salían mal, tendría que trepar sobre ellos, patearlos, pelear por las últimas gotas de oxígeno, pero eso era poco probable. En todo caso, llegar a mi destino segura y rápidamente estaba garantizado. Un pariente lejano que había accedido a financiar el viaje hizo todos los arreglos con antelación y contrató a un coyote de reputación intachable.

Por eso, después de cavar bajo la alta y oxidada cortina de acero que divide a los dos países, quedé sorprendido. No había coches esperando. Me puse de pie, me sacudí el polvo de los pantalones y miré el horizonte: un oscuro e interminable tramo de colinas y valles apareció ante mí. Había hecho el viaje con un experimentado primo de Zacatecas a quien hasta entonces no conocía, y que ni siquiera se molestó en contarme cómo sería el cruce. Ahora, después de arrastrarme debajo del muro fronterizo, estaba ya en Estados Unidos y no daría marcha atrás. Seguiría el sendero del coyote.

El tramo entre Tijuana y San Diego es largo. *Muy largo*. Y es igualmente traidor y bello. Es poco probable que cualquiera que lo haya cruzado pueda olvidarlo. Su paisaje desértico queda tatuado en el cuerpo y en el alma. Una vez que este terreno se ha recorrido, la fatiga, el asombro y el terror que se experimentan por estos senderos se convierten en recuerdos permanentes. A algunos los laceran los cactus, sutiles heridas que luego cicatrizan. Otros sucumben momentáneamente bajo el cielo, la cantidad de estrellas, la hondura de la noche. Algunos se quedan atrás y pasan a formar parte del paisaje.

Esta oscura maravilla. Para muchos, entre los que me cuento, este árido mundo, estas empinadas colinas y profundos valles, son nuestra primera excursión. Es, también, nuestra primera visión de un cielo tan vasto. Nuestra primera comunión con el infinito. Es probable que Immanuel Kant, perplejo, haya concebido su dialéctica entre los distantes cielos estrellados y la interna ley moral bajo un cielo igualmente prístino y reluciente. Yo, que entonces carecía de intuición filosófica, deseaba tan solo detenerme a contemplar ese fragmento de galaxia. Pero el coyote tenía otros planes, así que seguimos adelante.

La industria humana añade sus acentos a los paisajes nativos. Desde lo alto de una colina, observamos una larga fila de personas que avanza apresuradamente por el valle que se abre frente a nosotros. Doscientos años antes, marchando hacia el oeste desde este mismo lugar, hubieran sido considerados pioneros. Pero el viaje en el que se embarcaron sucedió demasiado tarde y no marchan hacia el oeste, sino hacia el norte. Y esta es su desventaja, su pérdida. O, si estuviéramos en otras latitudes, en otras épocas, quien los viera, con base en la determinación y el entusiasmo de su marcha, se imaginaría que son soldados o peregrinos. Pero, aquí, no son más que sombras.

De pronto, en una colina cercana, una serie de luces se enciende simultáneamente. Algunas vienen de camiones estacionados al nivel del suelo. Otras bajan, titilando rápidamente, como una furiosa lluvia de estrellas fugaces. Para esas desafortunadas almas, el sueño americano ha llegado a su fin.

En lo alto, nosotros nos agachamos, nos escondemos. Esperamos.

Cuánto tiempo pasamos después en la cima de esa colina, no lo sé. Antes del incidente que vimos abajo, supongo que habíamos andado por más de una hora. Lo único que sé es que me alegro que nos hayamos detenido. Como entonces yo fumaba, estaba mareado y sentía que mis pulmones se inflamaban. Las aletas de mi nariz se dilataban rápidamente, sentía las piernas pesadas y todo yo estaba bañado en sudor. El coyote se acuclilló y nos ordenó que no nos moviéramos, gesticulando con violencia y apuntando al suelo con la mano derecha.

Me tiro boca abajo y me arrastro dentro de un espacio angosto entre una gran piedra y un arbusto espinoso. La mochila, en la que traigo una muda de ropa, una botella de agua y un poco de comida, está mojada por el sudor, y siento el filo de una piedra en el estómago, pero me mantengo inmóvil. Estoy jadeando con fuerza y temo que mi respiración atraiga una serpiente de cascabel. Pasan algunos minutos y alguien cerca de mí comienza a roncar. Yo mantengo los ojos abiertos.

El ruido y el ajetreo de abajo se disipan eventualmente, pero el coyote susurra, advirtiéndonos que todavía no es momento de movernos. Escucho cómo los motores de los coches se alejan y siento un gran alivio. Seguimos esperando. Más ruido en la lejanía. ¡Un helicóptero! Un grupo distinto es cazado en aquella colina. Con un poco de suerte, esos dos grupos mantendrán ocupada a la migra mientras nosotros reanudamos nuestro recorrido.

Avanzamos y seguimos caminando por lo que parece un largo tiempo. Corremos y yo me quedo muy atrás, tosiendo. Ascendemos y bajamos por colinas que parecen no tener fin. En algún momento, corriendo hacia arriba por una estrecha vereda, miro hacia abajo por mi lado derecho y siento náuseas. Es un desfiladero profundo y rocoso. Para que mi trayecto llegue a su fin, bastaría con una distracción momentánea, un tropezón con una piedra, un resbalón: bastaría con que alguien chocara accidentalmente conmigo. ¿Cuántos sueños han terminado de esta forma allá en el fondo?

Descendemos de nuevo y me alegro al oír cómo el coyote dice, "¡Ya estuvo, ya la hicimos!" Lo escucho, siento alivio y me uno al entusiasmo colectivo. La gente dice, "¡Órale! ¡Chido! ¡Ya chingamos!", pero yo todavía no comprendo cómo es que ya la hicimos. Este valle se ve tan desierto como el que acabamos de dejar atrás.

Al llegar a la falda de la siguiente colina, el coyote saca su linterna y, con su majestuosa mano derecha, apunta con ella. Entonces veo el milagro de este Moisés azteca, cuya promesa es librarnos de la opresión del jaguar, materializarse frente a mí: un oscuro círculo se abre, como una boca desdentada y surrealista que amenaza con devorarnos.

Si cualquiera de los otros dos grupos hubiera llegado hasta aquí, la migra nunca los hubiera podido atrapar. Ningún migra se atrevería a entrar en esa tubería. Nadie con un mínimo de dignidad humana lo haría, así que abandonamos la nuestra y avanzamos.

Entramos al oscuro agujero cilíndrico, y me digo a mí mismo, así que esto es, esto es lo que significa haberla hecho. La tubería tiene como metro y medio de altura. Nos inclinamos y entramos en los inmundos intestinos de San Diego, donde las ratas tienen su morada y los humanos son invasores indeseables. El aire en el interior está húmedo y pesado, y un hedor penetrante lo invade. Abro los brazos para buscar apoyo en las paredes internas de la tubería. Mis manos se sienten mojadas y pegajosas. Me siento impotente. Enmudecido por el sonido constante de los zapatos que chocan contra el metal, sollozo en silencio. Viajando en la misma dirección, los narcóticos que ofrecerán un viaje psicodélico a aquellos que satanizan mi cruce son transportados de una forma más humana e higiénica. La humillación que experimento es tan profunda que me prometo que, si me llegan a atrapar algún día, no intentaré cruzar de nuevo.

Más tarde, la oscuridad termina. Salimos del largo túnel, y uno por uno nos colapsamos todos en el suelo. Estoy agotado y siento náuseas. Me duele la espalda y me pregunto si alguna vez podré erguirme otra vez.

::: :::

Mi primera vista auténtica de Estados Unidos es de una gran carretera en el fondo. Si la midiera a lo ancho, dos cuadras de mi ciudad cabrían con soltura. La observo con asombro, pasmado por su sola anchura. El coyote nos ha concedido algunos minutos para recuperarnos y ahora tenemos que seguir. Cruzamos esa carretera por un puente. Un pacífico parque nos da la bienvenida. Después de atravesar el parque, llegamos al estacionamiento de una escuela y, al pasarlo, encontramos las primeras casas.

Una inesperada sensación de tranquilidad ampara el sueño de este agradable suburbio estadounidense. Está oscuro y la silenciosa paz solo se rompe con el eco de nuestros pasos.

Como ladrones, merodeamos la noche.

Cruzar la frontera es un asunto complicado. Al principio, me sentía tan agotado y con tanto miedo de ser atrapado, que no podía pensar en otra cosa que no fuera llegar a mi destino. Pero pronto otros sentimientos se manifestaron. Entrar a un lugar adonde uno no ha sido invitado es romper un pacto de confianza. Se agitan emociones contradictorias y se abre el espacio para la ambivalencia moral.

Hasta ese momento de mi trayecto, me había sentido humillado y despojado de mi dignidad humana. No obstante, meterme de noche en el patio trasero de alguien me convertía en un intruso, y eso me avergonzaba profundamente. Aunque entonces lo ignoraba, ahora supongo que es por eso que el buen ciudadano estadounidense que respeta la ley se aferra tan ferozmente a sus armas. De descubrirnos, tendría todo el apoyo de la ley para descargar su pólvora y su indignación sobre alguno de nosotros, invasores al fin. Y, ¿no haría yo lo mismo para proteger el dulce sueño de mis propios hijos?

El coyote nos lleva a una manguera de jardín para beber un poco de agua. Pero, como buen mexicano, sé que jamás se debe beber agua del grifo. Abro el cierre de mi mochila y saco la botella que llevo conmigo. Bebo el agua que queda de un solo trago. Luego, después de un momento de duda y especulación moral, después de haber sido sacudido por sentimientos de culpa y vergüenza, me río. Tomo la botella de plástico, la aplasto con la mano derecha y la arrojo a un jardín verde y perfectamente limpio. Un recuerdo. Un arma inofensiva abandonada ahí por una horda de sombras en movimiento.

Cuando llegamos a un pequeño centro comercial, encontramos un par de camionetas que nos esperan. Nos subimos y nos alejamos. La casa adonde nos llevan es pequeña y sucia, está tan atestada de gente que podría pensarse que no cabe nadie más. Pero la gente hace un espacio para nosotros. No hay más que una mesa de cocina y unas cuantas sillas. Huelo mal y quiero bañarme, pero me dicen que no puedo. La comida que nos dan es insípida y está fría, pero igual nos la comemos. No se nos permite salir al patio, mucho menos dejar la casa. Hay una televisión en la habitación contigua y todos nos sentamos alrededor del aparato para mirar. El tipo que está a mi lado se va, y estoy tan cansado que me recuesto sobre la alfombra sucia y me quedo dormido de inmediato.

El día avanza y gente entra y sale, llevándose a algunos de los que hicieron el viaje con nosotros. Nadie viene a buscarnos ni a mi primo ni a mí ni a unos cuantos más hasta el día siguiente, cuando nos llevan a una casa diferente. Esperamos unas cuantas horas más; me invade el aburrimiento y estoy inquieto. Quiero salir, moverme por ahí, caminar por el barrio. Entonces sucede: desde el cuarto donde estamos sentados, mirándonos los unos a los otros, escuchamos un fuerte ruido y alguien abre la puerta con una patada. Nos quedamos paralizados y un hombre hispano, alto y vestido de verde entra primero y ordena:

—¡Nadie se *mueve*!

: : :

Estar en la cárcel no es tan temible como se dice. Al menos, no en la cárcel a la que me llevaron. Esperaba palizas, interrogatorios. Pero en lugar de eso, cuando me tocó declarar, me condujeron amablemente a un escritorio donde estaba sentado un oficial rubio. En un español que me impresionó, me preguntó mi nombre completo; el lugar y la fecha de nacimiento; si había tratado de cruzar antes, y si intentaría hacerlo de nuevo. Respondo que no a las dos cosas; no recuerdo si después me pidió que firmara un documento o me tomó las huellas digitales. Muchos años después, mi mala memoria me atormentaría. El abogado al que le pido asesoría insiste en que este detalle es crucial. El ignorar si firmé una deportación voluntaria puede, potencialmente, hacer la diferencia al momento de solicitar mis papeles.

De regreso en la celda, miro a los demás: nuestros ojos reflejan una sola tristeza, una única decepción. Aquellos con los medios para volar me han dicho que el viaje de Guadalajara a Chicago dura unas cuatro horas. Si cuento desde el momento en el que salí de Guadalajara, han pasado más o menos cuatro días y me siento frustrado y exhausto. Seguimos sentados en silencio hasta que un oficial viene y abre la puerta de la celda. Entra con un carrito lleno de sándwiches, papas fritas y refrescos. Su educación y cortesía me confunden y me llenan de sospechas. El tratamiento que recibimos en el centro de detención es mucho mejor que aquél que recibimos de los traficantes de personas, uno de los cuales, en este mismo momento, está sentado justo a mi lado. El oficial nos mira con simpatía y nos dice con voz juguetona y alentadora:

—¡Órale cabrones, muevan la nalga, por eso los agarran!

Horas más tarde, después de habernos alimentado y tomado nuestras declaraciones, nos conducen a un camión en el que ya hay otros esperando. Nos sacan del centro de detención y pronto me descubro viajando por una de esas asombrosas carreteras que fueron mi primera vista auténtica de Estados Unidos. No pasa mucho tiempo para que veamos aparecer un racimo de rascacielos. Alguien dice que es el centro de Los Ángeles. Recuerdo que este es un panorama que siempre he deseado contemplar, pero en circunstancias distintas.

Al llegar a la frontera, somos liberados para ir de vuelta al mismo hotel donde pasamos algunas horas al arribar a Tijuana por primera vez. Esa misma noche, rompo la promesa que me había hecho a mí mismo y, de nuevo, desaparezco en la profunda noche de San Diego.

En los capítulos que siguen describiré con mucho más detalle los hechos que han sucedido desde que crucé la frontera con éxito por segunda vez, hechos que pueden hacer creer al lector que mi historia encarna el cuento de hadas del llamado sueño americano: aprendí inglés, tuve muchos y muy mal pagados empleos, aprobé el examen de preparatoria (GED) y cursé estudios universitarios que me permitieron convertirme en traductor profesional, lo cual me permitió adquirir un condominio en un rascacielos de lujo con vista a la ciudad. Para un adulto joven que dejó su natal Guadalajara sin más preparación que la secundaria y una deuda enorme que pagar a quienes facilitaron su cruce al otro lado, alcanzar cada uno de estos logros ha sido sumamente satisfactorio, y cada uno ha sido más significativo que el anterior.

Pero esta es la parte agradable de mi historia, y lo que a mí me interesa contar en las páginas que siguen es algo totalmente distinto: la crónica que hay detrás del espejismo de mis logros.

Si esta historia pudiera ser contada con un acertijo, éste iría más o menos así: ¿qué es aquello que se eleva hacia la luz solo para ser devorado por las sombras? La respuesta sería: el indocumentado.

: : :

Ya me he acostumbrado a vivir entre las sombras. Aunque la vida en las sombras está llena de dificultades, he adoptado este régimen sin reservas. Y si tuviera que hacerlo, lo viviría todo de nuevo, ¡cada uno de esos momentos! Amo la libertad para deslizarme dentro y fuera de lugares sin que nadie, virtualmente, se dé cuenta. Además, esta vida subterránea ofrece muchas ventajas como la evolución.

Hay mucho espacio para crecer entre las sombras. Aunque me tomó un buen tiempo, al fin me he dado cuenta de que se puede prosperar entre las sombras al igual que en cualquier otro sitio. Con la salvedad de que, aquí abajo, uno se desarrolla de forma distinta: se torna más oscuro, le salen antenas, los sentidos se agudizan y, lo mejor de todo, se aprende a no tomar las cosas tan en serio.

Pero esta sardónica sabiduría solo llega con el tiempo. Solo después de haberse dedicado al asunto de bajar a explorar las sombras y luego subir a encontrarse de nuevo con la luz, es que la transición de un mundo a otro se vuelve gozosa. Un placentero sube y baja.

Aunque mi expedición por el mundo de las sombras comenzó hace mucho, es solo en los últimos años que he llegado a las profundidades más recónditas. Con un extraño giro de la ironía, este último descenso mío se dio al mismo tiempo que yo ascendía hacia la clase media estadounidense. Al ser jalado por los dos extremos, me he convertido en una criatura híbrida de oscuridad y esperanza, una criatura que logra arañar las alturas de la prosperidad, pero que permanece enraizada permanentemente en la desgracia.

De alguna forma, mi vida se ha convertido en una extraña negación de la alegoría de Platón: las cadenas que me ataban ahora están rotas, pero nunca pude abandonar mi prisión; permanecí en la caverna, entre las sombras. Si le sumamos esto a mi naturaleza circunspecta, lo que se obtiene es una pintura de Caspar David Friedrich, excepto por el paisaje por el que deambulo, pues es el bullicioso centro de Chicago.

Comencé a pulular por el más abismal de estos círculos después de obtener el empleo que desempeño ahora, hace como cinco años. Mis años de educación adulta y el estudio intensivo de los idiomas, tanto el propio como el aprendido, por fin comenzaron a dar frutos; así, pasé de servir y limpiar mesas a la comodidad de una oficina con aire acondicionado. Encontré un empleo como traductor profesional, zapatos de vestir y corbata. Entonces, jamás imaginé que las circunstancias a mi alrededor se pondrían gradualmente más oscuras. Todo parecía promisorio. Tal y como se veía el panorama, sería asunto de un año o dos para que mi dilema legal se resolviera. Yo estaba pasando por un periodo lleno de esperanza en mi vida y las cosas estaban cambiando rápidamente. Al mes de comenzar a trabajar en mi nuevo empleo, el centro de Chicago fue sorprendido por los clamores de medio millón de sombras, clamores cuyos ecos resonaron a través del distrito financiero. En Washington se dieron cuenta. En el Congreso se discutió una iniciativa de reforma migratoria que, seguramente, pasaría.

Más o menos al mismo tiempo, cuando llevaba menos de un año en mi nuevo empleo, se me ofreció un ascenso. Se necesitaría que viajara varias veces al año. Los Ángeles, Nueva York, Miami. ¡Hasta estaban pensando en enviarme a México!

Esa fue la cumbre de mi vida en Estados Unidos y fue exactamente en ese momento que comenzó mi descenso final. La Fortuna y sus encantos me habían seducido y, ahora, tendría que soportar su desdén.

Mencioné la mala salud de un miembro de mi familia como pretexto para no aceptar el ascenso. El familiar enfermo no existía. Yo hubiera estado dispuesto a aceptar el puesto si tan solo pudiera viajar. La iniciativa que el Congreso discutía en esos días acaba de morir entre las palmas batientes y regocijadas de los republicanos, haciendo imposible que yo cumpliera con los requisitos para viajar necesarios para mi nuevo puesto.

La mañana en la que rehusé mi ascenso, me desperté mucho más temprano de lo normal. No sé qué horas serían, pero todavía estaba oscuro afuera. Me desperté, pero no me levanté. Acostado en la cama, miré hacia fuera y vi un avión que pasaba. Sin excepción, todos los aviones que veo pasar desde mi ventana son llegadas, muchas de ellas desde el extranjero. Se dirigen hacia el oeste, hacia el aeropuerto O'Hare, después de agasajar a los pasajeros con las vistas maravillosas de la orilla del Lago Michigan y el panorama de rascacielos citadinos.

Ese avión, me pareció, en todo su esplendor, alas extendidas y armadura resplandeciente, conspiraba contra mi orgullo. Me sentí secretamente insultado. Sus luces intermitentes se burlaban de mí. Poco después, el avión se perdió de vista en el horizonte. Yo acaba de leer un artículo que afirmaba que la mitad de los inmigrantes indocumentados entran al país legalmente y, me pregunté, cuántos de los pasajeros en ese avión se unirían, tarde o temprano, a mí en las sombras. Quedarse después de que la visa ha expirado es tan común como cruzar el ardiente desierto de Arizona. ¿Cuántas de esas visas expirarían? ¿Y cuántos, seducidos por la abundancia de lujos y comodidad, encontrarían la salida legal del matrimonio y dejarían este mundo de sombras de una vez por todas?

Al cabo de una hora, había contado un total de siete aviones. Decidí levantarme, y una puntual cita literaria llegó a mí. Era la reflexión de un francés tan imaginativo como pasivo. Blas Pascal escribió que todos los problemas del hombre se suscitan debido a su incapacidad de quedarse tranquilo en su casa. Me invadió una agridulce mezcla de culpa y satisfacción. De ser verdad que al dejar México yo había convocado toda la penuria, la humillación y la penumbra que me rodeaban, entonces también era verdad que si me quedaba en Chicago, me ahorraría el encuentro con los restantes males del universo.

De ahí en adelante, la máxima de Pascal se convertiría en mi principio rector.

:::

Yo no sabía quién era Pascal durante mis primeros años en Chicago. Ni necesitaba saberlo. Las oportunidades educativas que aparecieron frente a mí resultaron lo suficientemente atractivas como para convencerme de que debía continuar en Chicago. Sabía que si me iba, regresar no sería fácil, así que aprendí a ver esa traba como una bendición. El aceptar mi incapacidad para viajar me preservó del destino de muchos de mis paisanos. Me salvé del ciclo vicioso del cruce anual, de la obligación de mantener dos empleos para ahorrar lo suficiente, regresar a México, ser traficado de vuelta a Estados Unidos y depositar los frutos de mi trabajo en las mezquinas garras del coyote.

Mientras que algunos de los cocineros del restaurante mexicano donde yo trabajaba entonces iban y venían, yo me mantuve en Chicago. Para entonces ya llevaba un tiempo estudiando inglés y esa era una actividad que me mantenía ocupado. Me concentré en las conjugaciones de verbos, la colocación de adjetivos, la construcción de oraciones, la estructura de párrafos.

Al año siguiente, cuando los cocineros regresaron, me encontraron regresando de clases con mi libro para el GED bajo el brazo.

Estaba inmerso en el estudio de matemáticas básicas, ciencias naturales e historia estadounidense. A la par que mis lecturas de historia estadounidense progresaban, encontré consuelo a mi limbo legal en la experiencia de las oleadas previas de inmigrantes. De acuerdo con mis lecturas, se habían convertido en ciudadanos ejemplares gracias a la asimilación, la mezcla multicultural y la prosperidad, todo cuanto, según mis libros, estaba a mi alcance. Esos fueron los tiempos dichosos, cuando, de acuerdo a su celebrada versión del idílico pasado estadounidense, el profesor Samuel Huntington nos cuenta que "los inmigrantes lloraban de gozo cuando, después de superar las dificultades y el peligro veían la Estatua de la Libertad; de forma entusiasta se identificaban con su nuevo país, el país que les ofrecía libertad, trabajo y esperanza". Por supuesto, al leer pasajes como este muchos años después de mi llegada a Estados Unidos, me doy cuenta de que no había nada sentimental en mi experiencia, nada que me moviera al llanto. Solo hubo una necesidad urgente y concreta, una necesidad física que alivié en primer lugar con un tibio fluido que salió de un arco que derramé contra la oxidada barda bajo la cual acababa de arrastrarme. Y, debido a que me colé por la puerta trasera, y por haber llegado demasiado tarde de un país tan cercano, lo que hace fácil que retenga mi lengua y mi cultura, el profesor Huntington está convencido de que soy un desleal, un malagradecido. Preso de una paranoia nacionalista, me percibe como una amenaza a la identidad estadounidense.

Cuando me enteré de que podía sacar mi GED, yo ignoraba todo esto. Lo único que deseaba era educarme. Pero con el paso del tiempo, y gracias a las lecciones que sacaba de mi grueso libro para el GED, comencé a verme como parte del tejido social de Estados Unidos. Me daba cuenta de cuál era mi papel en el paisaje. En ese entonces, me desempeñaba como lavaplatos, y ¿cuáles eran las contribuciones que podía ofrecer a la sociedad además del dominio de las técnicas para lavar platos de forma meticulosa y rápida? Y, ¿qué amenaza podía representar, como no fuera que se me cayera una canasta llena de platos o enviara cubiertos manchados de frijoles a la mesa de los clientes?

Si quería convertirme en parte de esta sociedad, continuar con mis estudios parecía la idea más sensata. Así que, años más tarde, cuando comencé mis estudios universitarios, dediqué horas sin fin a estudiar para mis cursos y mis seminarios mientras simultáneamente mantenía un empleo de tiempo completo. Y unos diez años después de que hube concluido mis estudios profesionales, el Congreso, ese altar de benevolencia del que había leído en los libros con tanta admiración, decidió darme una sorpresa.

La ley aprobada por el Congreso se conocía como la Real ID Act (Ley de documento auténtico de identidad), y requería que toda persona que deseara renovar su licencia de conducir presentara un número de seguro social válido. Como la gran mayoría de los indocumentados que conozco, mi número de seguro social era un número inventado. Poco después de mi llegada a Chicago, una tarde de domingo, hice un viaje a la Calle 26. Allá, como personajes salidos de una película, algunos mexicanos recostados contra las paredes de los edificios —las manos en los bolsillos del pantalón, un pie apoyado en la pared— les susurran furtivamente a los peatones:

—Seguros, micas, micas...

A diferencia de mi número de seguro social, la licencia de conducir que tramité unas cuantas semanas después sí era válida. Cómo fue que logré tramitarla en Estados Unidos, un país con tan altos ideales de pureza moral, no tengo la menor idea. Pero es que hay que recordar que la corrupción tiene formas de colarse por todas las grietas y ni siquiera Estados Unidos, a pesar de su celo por librar al mundo de los regímenes corruptos, es invulnerable a sus embates. Lo único que sé es que cuando llegó el momento y tuve mi licencia en las manos, la deuda original que había acumulado y que debía pagar por mi pasaje clandestino a Estados Unidos había sido más que duplicada.

Aunque la Real ID Act estaba destinada a luchar contra los terroristas, sus garras me hirieron a mí también. Para entonces, muchos años después de haber llegado a Estados Unidos, había trepado por la escalera del éxito en el restaurante. Era ya mesero, y eso representaba un hecho inaceptable para el congresista James Sensenbrenner de Wisconsin, el impulsor de la ley. Era razón suficiente para mirarme con sospecha. Me consideraba uno más en las filas de aquellos que sembraban el caos y el terror. Había logrado infiltrarme en el comedor. Tenía nuevos y grandes poderes. Ahora, corría desbocado entre las mesas los viernes, cuando las noches se animaban. ¡Amenazaba con llevarle a alguien comida no solicitada, negarle a alguno más una cesta llena de totopos y salsa, o derramar una margarita de fresa sobre la camisa de un comensal!

Sensenbrenner se dio cuenta de esto. Y, como el profeta Moisés, extendió sus poderosos brazos y atrajo la oscuridad sobre Chicago. El Chicago donde vivo.

Desde que la ley de Real ID pasó, en 2005, mi movilidad se ha ido restringiendo gradualmente. Mi medio ambiente ha cambiado de forma significativa. Se ha hecho más oscuro. Más estrecho. Esta acción del congreso me ha confinado más profundamente en las sombras. Tanto, que he comenzado a desaparecer poco a poco.

Después de un año de aprobada la ley, la inversión que hice dejó de producir dividendos. Ya no pude renovar mi licencia de conducir, así que vendí mi coche y desaparecí de las autopistas. Antes, acostumbraba entrar y salir de los bares sin preocupaciones, pero ahora también me esfumé de esos alegres establecimientos.

Al principio, la idea de andar sin un solo documento legal me preocupaba. Comencé a sentirme atrapado. Me deprimí. Mi licencia iba a expirar un poco más de un año después de que saliera de la universidad. Yo había estado muy ilusionado con la llegada de este momento. Esperaba entrar en una etapa nueva y prometedora de mi vida. Y así sucedió, puesto que conseguí mi empleo actual, más o menos un año después de concluir mis estudios. Pero a los pocos meses de obtenerlo, me quedé sin documento legal y válido alguno.

∶ ∶ ∶

Unos meses más tarde, en el estacionamiento de un supermercado en un lugar que no mencionaré, Mario pudo darse cuenta de lo particularmente escrupuloso que soy. Mantener uniformidad en todos los detalles me parecía extremadamente importante. Me miró con atención. Asintió y me dijo que podía hacer casi todo lo que le pedía, pero no estaba seguro de poder alinear un número de serie que corriera a lo largo del borde. Creía que la plantilla del programa que tenía en su computadora era permanente. Y una cosa que sí estaba seguro de no poder reproducir, era el holograma:

—El único pedo es que todavía no podemos hacerlas brillar así.

Unos días después, Mario llegó al estacionamiento de una farmacia cercana al centro. Con él, en el asiento de atrás, venían un niño como de cinco o seis años y una señora mayor. Me acerqué al coche y vi que estaban comiendo. ¡Qué hermosa familia! ¡Qué astucia! ¿Quién podría sospechar algo? Mario tomó un sobre y me lo dio. Verifiqué la información. Todo estaba tal y como lo había solicitado. Le pagué lo que faltaba y los vi alejarse.

No era perfecta, pero al menos mi nueva licencia no expiraría hasta algunos años después, en el futuro. Además, traía una foto nueva.

Sensenbrenner habrá oscurecido los cielos, pero olvidó sellar las alcantarillas.

Yo me había mudado a mi condominio en el norte de la ciudad por los días en los que me entregaron la nueva licencia de manejo. Por aquí, el transporte público es bastante bueno, así que dejé de tener la necesidad de manejar. Mi único objetivo cuando obtuve la licencia era ya no sentirme tan aislado y apartado de los demás. La usaría casi de la misma manera en que lo hacen los menores de edad, para poder entrar en un bar o, como un alcohólico, para comprar alguna botella e irme a la casa a beber a solas. Así que, unos días después de haberla conseguido, fui a la tienda de licores a la que llevaba acudiendo los últimos años. Después de escoger mis acostumbradas dos botellas de vino, me coloqué en la fila para pagar. Cuando le di mi licencia a la cajera, ella la miró, moviéndola y poniéndola en ángulo contra la luz. Yo sabía que ella era una empleada nueva, porque jamás antes la había visto allí. Le dije que siempre usaba esa identificación. Ella ya había escaneado mi tarjeta de cliente frecuente y eso y los puntos acumulados que tenía en la cuenta debían ser la prueba de que yo era un cliente habitual desde hacía tiempo. Estaba seguro de que esto disiparía cualquier duda que pudiera albergar. Pero la cajera no me escuchó. En lugar de dejarlo ahí, se volvió y le pidió al supervisor que le echara un vistazo.

El hombre, ocupado en medio de una multitud bulliciosa, echó una rápida mirada y movió la cabeza con desaprobación. A él también le pareció rara. Movió la cabeza e hizo eco de las dudas de la cajera, diciendo que a él también le parecía extraña. Luego se volvió a mirarme. No sé si me reconoció, pero mi barba de una semana seguramente le pareció prueba fehaciente de mi mayoría de edad. Sonrió de forma cómplice: sí, me dejaría comprar el vino, pero yo no lo engañaba. Sabía perfectamente que yo traía un documento falso. Pero tuve suerte: ningún gringo liberal de esta parte de la ciudad iba a avergonzar más a un miembro de una minoría étnica ni llamaría a la policía. Simplemente dejaría que este momento bajo los reflectores de la vergüenza fuera mi lección. Yo estaba ahí, de pie, frente a una fila de cinco o seis curiosas e impacientes personas detrás de mí. Los cajeros a los lados estaban igualmente ocupados, así que las personas en las otras filas también me echaron miradas extrañas. Entonces el gerente, mi cómplice, autorizó la compra. Le di mi tarjeta de crédito a la cajera y firmé el recibo. Humillado y con un nudo en la garganta, salí de la tienda de licores a una noche de otoño inusualmente fría.

Esa noche decidí que no iba a ser humillado o ridiculizado de nuevo. La próxima vez que me pidieran mi identificación, simplemente les daría la matrícula, un documento oficial emitido por el gobierno mexicano que, básicamente, lo identifica a uno como indocumentado. La primera vez que lo intenté, no tuve ningún problema, así que decidí usarlo en todas partes. La única desventaja es que usar mi matrícula me ha colocado fuera del círculo de mis colegas. Ahora, cada vez que me invitan a salir con ellos a tomar una copa, tengo que negarme educadamente, poniendo de pretexto algún compromiso contraído anteriormente, cansancio y cosas por el estilo.

La mayoría de mis colegas se darían cuenta inmediatamente de mi ilegalidad si vieran mi matrícula. Todos tienen un primo, un cuñado, un amigo o un vecino en una situación semejante, y aceptan su ilegalidad como una molestia. Pero que su colega sea un indocumentado, esa es una cosa completamente distinta. ¿Qué pensarían de mí?

Si tan solo compartiéramos una ocupación diferente, si sudáramos codo con codo en la línea de producción de una fábrica o en la parrilla de un restaurante, quizá su opinión acerca de mí sería distinta. Habría más espacio para la fraternidad. Una comprensión más amplia. Una causa común. Una sola lucha enraizada en nuestra condición de clase obrera.

Pero, ¿darse cuenta de que un indocumentado se ha infiltrado en la oficina y ocupa el escritorio contiguo? Y, ¿si mi salario fuera mayor que el suyo? El hecho de que yo estuviera mejor calificado no tendría relevancia. Su indignación acabaría con la simpatía. Quizá ya solo podrían ver en mí a un criminal. Un intruso.

Hasta ahora, he podido declinar exitosamente sus poco frecuentes invitaciones a salir a tomar una copa. Nadie sospecha nada.

Por un tiempo y lejos de mis colegas, usar mi matrícula y no tener que preocuparme de ser sorprendido con una licencia de manejar falsa me dio una gran paz mental. Me devolvió la confianza. Mientras procediera así, todo estaría bien. Me había adaptado ya con éxito. Me había acostumbrado a la oscuridad, a este mundo oculto. Me había vuelto experto en el secreto y el silencio. Me había hecho conocedor del arte de la paciencia. Todo lo que necesitaba era seguir así, ser un maestro en el principio de Pascal. Ser disciplinado. Circunscribirme a un círculo seguro.

Además, yo ya llevaba viviendo en las sombras más de trece años. Si recientemente había sufrido un par de fracasos, no dejaría que me perturbaran. Seguiría adelante, hacia la batalla decisiva, la que resolvería mi situación de una vez por todas.

Pero la tranquilidad que sentía al usar mi matrícula duraría bien poco. En una ocasión, mientras recorría el pasillo de los licores en una tienda de abarrotes, vi un Cabernet especialmente bueno en oferta. Chocolate, especias, moras… La descripción era tan atractiva y el precio estaba tan de acuerdo con mi presupuesto, que no lo pensé dos veces antes de comprarlo.

En la caja, la empleada me pidió una identificación. Le di mi matrícula. Ella la miró un momento. Luego, alzó los ojos oscuros y dijo, con una voz irritada y autoritaria, llena del desprecio que los habitantes del centro empobrecido de las ciudades sienten por los indocumentados:

—¡Una identificación *ameriiiicana*, señor!

Esa noche de sábado, acompañé mi cena con un vaso de leche.

En otra ocasión, más de dos años después, mientras disfrutaba de una nueva y emocionante experiencia estadounidense en un estadio de béisbol, me acerqué al vendedor de cervezas. Con una enorme sonrisa y voz amable, me pidió una identificación. Busqué en mi cartera, encontré mi matrícula y se la di. La tomó y la sostuvo entre el pulgar y el índice.

La miró. La estudió con cuidado. Observó mi cabeza rapada, mi intensa mirada. Leyó las letras mayúsculas de mi nacionalidad y la expresión de su cara comenzó a cambiar. Y con buena razón. Segundos antes, había estado sirviéndoles a otros un néctar de alegría pura y ahora se encontraba sirviéndome a mí un licor amargo. Su voz se tornó grave; el tono cambió de jovial a sentencioso. Frunció el ceño. Mirándome desde la altura de su más de metro ochenta me dijo, "Guarda eso. Si lo vi, no lo recuerdo". Y me la devolvió, mi pequeña y verde estrella de David.

De pie, a mi lado, mi novia me miró con esos ojos llenos de compasión. No dijo nada, ni necesitaba decirlo. Los dos sabíamos que este tipo de situación tenía que suceder en algún momento, y de alguna forma su silencio me resultó tranquilizador. Miré sus profundos ojos azules y amorosos y encontré la fuerza y el consuelo al que invariablemente gravitaría en los años por venir cada vez que mi situación me resultara insoportable.

Pero el estigma que en ese momento me marcara no se disipó. Tomé mi matrícula de la mano del vendedor sintiéndome lleno de vergüenza, apocado. Miré al buen hombre a los ojos por un segundo y no pude evitar sentirme culpable. Lo había implicado en una ofensa moral, en una conspiración, en el grave crimen de mi ilegalidad. ¿Qué pasaría con este empleado honesto, este hombre perteneciente a la clase obrera, si sus superiores se enteraran? Bastaría con que otro vendedor de cerveza pasara por ahí en ese momento.

También tuve miedo. ¿Y si decidía ir con los policías de Chicago que estaban de pie cerca de nosotros a denunciarme directamente? ¿Le había arruinado yo la tarde?

Después, durante el juego, lo vi de nuevo. Estaba algunos escalones debajo de nosotros, haciendo su trabajo con auténtica alegría. "Aquí tienes, mi chavo", dijo con voz fuerte y alegre a un joven comprador, mientras le devolvía su identificación. Miró hacia mí, pero no me vio. Mi presencia lo había incomodado unos minutos antes, cuando nuestros caminos se cruzaron. Pero yo ya no era visible, y por eso, me podía olvidar fácilmente. Había desaparecido del horizonte de sus preocupaciones. No había sido más que una molestia momentánea y ahora no era ni siquiera eso. Como cualquier otro indocumentado, hombre, mujer o niño, no era más que un fantasma. No tenía ya existencia concreta: había desaparecido entre los gentíos felices de Estados Unidos, entre esa multitud que gritaba porque el equipo local había anotado.

Sentada a mi derecha, mi futura esposa apoyaba al equipo con aplausos. La miré y sonreí. Habría mucho que superar en los años por venir. Pero, al menos por el momento, yo no era ya ni una amenaza ni un peso que sobrellevar. Así que me senté de nuevo, y bebí lentamente mi cerveza, disfrutando de esta, una de las experiencias más americanas.

Vacaciones pagadas

Mi amigo Francisco me dejó un mensaje en el teléfono pidiéndome que lo supliera en un trabajo de interpretación que tenía para la mañana siguiente. En unos minutos saldría a París con su novia y no podría estar para hacerlo. Un viaje de último minuto, dijo. Inesperado. Lo llamé y le dejé un mensaje, preguntándole detalles sobre el trabajo, de qué se trataba y dónde sería.

Unas horas más tarde me envió un mensaje de texto: edificio federal. Buena paga, solo treinta y cinco minutos, confirmar.

Lo localicé en la Avenue des Champs-Elysées, dando un paseo con su novia. Como él sabe de mi situación, le conté que mi licencia de manejo se había vencido hacía poco y que entrar en un edificio federal con una identificación falsa podría costarme la deportación. Me respondió con un silencio helado. Sentí que le había arruinado un momento perfecto, un paseo perfecto tomado de la mano de su novia.

Pobre Francisco. Nunca había experimentado los dolores de la ilegalidad. ¿Hice que se sintiera mal por mí? ¿Había sido demasiado abrupto, contándole mi más reciente problema? Me imaginé que un sabor amargo le subía repentinamente por la garganta, y me sentí culpable. Quizá había decidido pedirle la mano a su novia allá, en la ciudad más romántica de todas, y yo le había arruinado el ánimo. ¿Podría él, ese espíritu libre, platicador y feliz, ponerse en mi lugar?

Francisco y yo nacimos en la misma ciudad, pero él siempre ha experimentado el mundo como un lugar abierto. Gracias a una combinación de factores y a la novia que le consigue boletos de avión gratuitos, durante los últimos años ha visitado Maui, Osaka, Londres, Santiago de Chile, la Ciudad de México, La Paz, Berlín, Ámsterdam y Madrid, entre otros lugares. He visto las fotos, así que sé que es verdad.

¡Imagínense a esta alma noble y generosa que me llama para ofrecerme un trabajo fácil, de repente, invadida de empatía y hundida en un mar de tristeza!

O no.

Quizá solo apretó con más fuerza la mano de su novia y miró hacia arriba y adelante la avenida de Champs-Elysées, sus largos tramos, su antigua arquitectura, sus dilatadas hileras de árboles, sin conceder un solo pensamiento más a una conversación que, para él, era del todo irrelevante.

: : :

Thomas Carlyle escribió alguna vez que ningún hombre puede conocer su destino si no se le permite hacer su trabajo. Cuando llevaba un año en mi trabajo y nada se interponía entre mi actividad y yo, llegué a creer en la posibilidad de que mi trabajo como traductor fuera mi verdadera vocación, que estaba conociendo mi destino. O eso pensaba.

Aunque mi trabajo consistiera en conectar dos mundos, un extraño giro de la ironía decretó que la brecha entre mi vida profesional y mi mundo interno se iba a ahondar con el tiempo. Una de las paradojas de mi modesto éxito, de mi revuelta clandestina desde las sombras, es que, al convertirme en un profesionista, también me he convertido en un hombre mucho más triste.

En un pasaje anterior, mencioné el miedo a que mis colegas de la oficina se enteraran de mi situación. Con el miedo, llega también un sentimiento de opresión. Mis años de trabajador profesional me han hecho sentir un prisionero. Durante mis primeros años en Chicago, trabajando en un restaurante, sudando codo con codo con mi hermandad indocumentada, no tenía nada que temer. Nada me oprimía. Nada me avergonzaba. Todos teníamos una historia común, un origen compartido, un vocabulario colectivo que, de muchas formas, me resultó insuficiente cuando comencé mi nueva vida. El vocabulario del viaje de placer, por ejemplo, nunca fue parte de nuestras conversaciones. El viaje de placer era el territorio de otras personas más afortunadas. Era una experiencia que ninguno de nosotros había tenido y, por lo tanto, un asunto del que nunca hablábamos. Sabíamos del tráfico de personas, de cruzar la frontera de noche, de nadar en el río, de ser transportados en una cajuela, apresados, encarcelados y deportados. Pero *pasaportes, aeropuertos, aterrizajes, conexiones* y *vuelos perdidos* eran términos visiblemente ausentes de nuestro léxico.

Solo durante esos años sentí que me ganaba el pan con orgullo y honestidad, pero ahora las cosas son muy distintas.

Aunque he pagado un precio muy alto para adquirir las destrezas necesarias para este trabajo y me siento muy cómodo haciéndolo, nunca estoy completamente a mis anchas. No puedo evitar sentirme como un intruso. El sueldo en mi empleo actual es mucho mejor, pero eso no puede comprar tranquilidad. No puede aliviar el nerviosismo constante. No puede suprimir la amenaza de la espada de Damocles que pende sobre mi cabeza. Y, como si estuviera hecho para ellos, solo cuando desempeño trabajos manuales me siento en completa libertad. Es verdad que entonces yo era más pobre. Pero al menos, tenía más libertad para ser yo mismo. Estaba menos aislado, menos estigmatizado, menos ansioso.

Cuando conseguí mi empleo actual, además de las ventajas de ser mejor remunerado y tener un escritorio, otra de las prestaciones a las que tengo derecho es una semana de vacaciones pagadas durante mi primer año como profesionista. Para cuando tuve mi primera vacación pagada en la vida, yo ya tenía casi treinta y cinco años de edad. Y mientras me imaginaba esas vacaciones, una emoción genuina y una sensación de logro se removieron en mi interior. ¿Qué más podría yo pedirle a Estados Unidos? Yo, que me colé por la puerta trasera, ahora era merecedor de esta prestación que Estados Unidos le garantiza a sus ciudadanos de primera clase.

A veces la generosa mano de Estados Unidos es tan larga y luminosa, que puede alcanzar incluso las profundidades más oscuras.

Aunque, por supuesto, yo no tenía ilusiones ni planes de ir a ninguna parte. Durante mis primeros dos años en el trabajo, cada vez que alguien me preguntaba adónde había ido en mis vacaciones, yo contestaba que a ninguna parte. Les decía que estaba planeando un gran viaje a Europa, pero que tenía que acumular más días de vacaciones, ahorrar más dinero, planearlo bien, y que esto me iba a tomar un par de años. Así, los dos primeros años transcurrieron sin ningún problema. Pero para el tercero, la gente comenzó a sentir curiosidad. Las preguntas se hicieron más frecuentes. Querían saber dónde aterrizaría primero: ¿París? ¿Londres? ¿No estaba planeando un viaje breve para el verano?

Por esa época, Michael, un colega, invitó a la gente de la oficina a su casa. Fue una cena muy agradable. Él y su esposa viajan con frecuencia. Admiré y envidié su colección de fotografías. Se extiende a lo largo y ancho del mundo: de Jerusalén a Santo Domingo. Mientras me mostraba las fotos de su más reciente viaje a Río de Janeiro, me preguntó cómo iban mis planes para ir a Europa. ¿Cuánto tiempo llevaba sin ir a México? ¿Por qué no me unía a ellos y a un grupo a su próximo viaje a Yellowstone? Todavía faltaba mes y medio para esa fecha, así que había tiempo suficiente para planearlo y encontrar boletos para el mismo vuelo.

Claro, yo te digo luego, le respondí con una amplia sonrisa.

Para el año siguiente ya había acumulado suficientes días y se me habían terminado las excusas para no salir de vacaciones, así que me inventé unas. Le respondí a quienes me preguntaban que a principios de enero iría a visitar a mi familia en México y que me quedaría allá dos semanas.

No fui a ninguna parte. Durante una semana entera me quedé en la casa, vestido para el invierno y feliz de no tener que salir al frío polar que azotaba a Chicago por esos días. No obstante, cuando llegó el domingo, la ciudad experimentó una insólita y alta temperatura.

Decidí salir, pero necesitaba esconderme de mis colegas, muchos de los cuales viven en mi vecindario, y con los que me encuentro los fines de semana cuando paseo por la Avenida Michigan.

Necesitaba un plan. Así que, como si persistiera el frío, me envolví antes de salir de casa. Me puse una sudadera con capucha, un gorro invernal, un abrigo viejo y muy caliente que nunca uso. Me enrollé la más gruesa de mis bufandas alrededor del cuello. Me ocultaba media cara y la nariz, dejando solo mis ojos sin tapar. Nadie me podría reconocer así. Podía ponerme al lado de cualquiera de mis colegas y no sabrían que esa persona era yo. Para probarlo, deseaba toparme con alguno. Con todas mis capas de ropa caminaría frente a ellos, de ida y vuelta, con pasos pequeños y pesados, brinquitos, con mi traje como de astronauta.

¡Mis vacaciones! Me sirvieron solo para acentuar mi soledad, para recordarme mi ilegalidad, para oprimirme todavía más.

Un grupo de atletas altos y jóvenes iban paseando por la Avenida Michigan vestidos solo con shorts y sudaderas ligeras. Uno de ellos me miró. Y, como un gigante juguetón y pueril, me apuntó con el índice y se rió con fuerza. Con un tono adolescente y agudo, dijo algo en cuchicheos, burlándose de mí. Me dio vergüenza y comencé a sudar más copiosamente debajo de mis ropas invernales.

El día antes de regresar al trabajo, preparé mis respuestas. Había tenido un viaje fabuloso. Haber pasado tiempo con mi familia había sido maravilloso: fui con mis hermanos a un concierto punk, a un juego de fútbol y al Instituto Cabañas a ver los murales de José Clemente Orozco. Visité parientes, vi a viejos amigos, con mi madre escuché a un mariachi increíble en Tlaquepaque, le compré artesanías en Tonalá, fui a ver a la virgen de Zapopan y todo eso.

Les dije a mis colegas que había regresado de Guadalajara justo a tiempo para ver cómo Barack Obama tomaba protesta. Les dije que quería ver toda la ceremonia, ver las multitudes en Washington… Lo que de veras tenía ganas de atestiguar, pero no les dije, era el discurso del presidente Obama, escucharle decir, de nuevo, que el reino de las sombras en el que yo habitaba pronto se disiparía. ¡Esa sería la mejor forma de terminar mis vacaciones!

: : :

La cornucopia de la vida está llena de sorpresas. Su generosidad me dio el trabajo con el que cuento ahora y su indiferencia me robó la libertad de movimiento. La cornucopia de la vida les da con abundancia a algunos lo que a otros les niega. Regresé al trabajo diciéndoles a mis colegas que había apresurado mi regreso para ver la toma de protesta de Obama. Con un extraño giro de la suerte, unos meses después de tomar protesta, el presidente Obama fue a Guadalajara (*¡Guadalajara!*) en su primer viaje oficial a México.

¡Qué orgulloso me sentí de mi ciudad! Les mostré a mis colegas una foto de los presidentes en el patio colonial del Instituto Cultural Cabañas, allí donde *yo* había estado hacía poco. Ahí estaban, los tres líderes de Norteamérica: Calderón, Obama y Harper, los Tres Amigos, escribió un ingenioso reportero.

Qué panorama: los cielos claros y azules, el patio precioso, la mesa adornada con coloridos motivos mexicanos, la jarra de vidrio soplado, el tortillero tejido, los equipales hechos a mano, el mariachi que no aparece en la foto porque en ese momento se discutían asuntos serios.

Solo cuando se establecieron los acuerdos sobre la seguridad, prosperidad y crecimiento de nuestra región, se aceptó que los mariachis cantaran "Cielito lindo".

¿Lo escuchó, presidente Obama? ¿Escuchó esa voz sin forma? ¿Era, quizá, un demonio que aullaba a través de la garganta de José Alfredo, o era la de Javier Solís, la voz de terciopelo de México, esa voz que nos fue arrebatada prematuramente? ¿Cuál eco escuchó, rebotando en las paredes de nuestro dolor? Y al mirar las pinturas de Orozco, ¿se fijó en ese hombre que ardía en llamas?

¡Tanto que escuchar, que ver y en que reflexionar!

No, a diferencia de Obama, a mí no me tocó caminar bajo los azules cielos de mi nativa Guadalajara. Lo que sí pude hacer fue ver a mi familia.

Después de varios intentos fallidos, mi hermano y yo por fin pudimos establecer una conexión decente por medio de Skype. Su cara aparecía joven y radiante. Su frente era amplia y la luz que venía del patio parecía posarse ahí. La imagen en la pantalla se congeló un momento, pero se restauró casi de inmediato. Y como si reanudáramos una conversación que hubiéramos interrumpiendo en algún momento del pasado reciente, le pregunté qué tal iban las cosas en la escuela. ¿Cómo iban las cosas con la banda de nuestro hermano menor? ¿Cuándo había sido la última vez que tocó? ¿Dónde?

Hablamos de sus bandas favoritas. Hizo algún comentario acerca del equipo local de fútbol. Mencionó una conferencia universitaria a la que tendría que asistir. Luego, giró en la silla y le dirigió la palabra a alguien que no aparecía allí. Un poco después, mi madre abrió la puerta, entró en su dormitorio y me dijo:

—¡Hijo, por fin te veo!

Habían pasado ya diecisiete años desde la última vez que nos habíamos visto en persona, cara a cara. En más de un sentido, sin embargo, mi madre es la misma mujer que me despidió en la terminal de camiones en Guadalajara. Sus ojos color café, tristes, acostumbrados a las despedidas prematuras; la boca, siempre cautelosa, con temor a reír o sonreír mucho o muy jovialmente. Mi hermano abrió las cortinas y la vi con mayor claridad: algunas canas se enredaban en sus rizos y los primeros signos de la edad ya le marcaban la frente. Se mordió el labio inferior. Le pregunté qué era lo que estaba haciendo y me contestó que estaba lavando la ropa, como siempre. Alzó el borde de su delantal y se secó la mejilla derecha. Siempre consciente de su apariencia, añadió:

—¡Ay, qué fachas las mías!

Sacudió la cabeza ligeramente, se arregló el pelo y se quitó el delantal, disculpándose por no habérselo quitado antes.

Hizo algunas observaciones burlonas acerca de mi cabeza rapada. Luego, se preocupó por el peso que yo había perdido recientemente. ¿Estaba comiendo bien? ¿Estaba enfermo? Le sonreí, y se dio cuenta de que la separación entre mis dientes es mayor que la que aparece en una foto mía de adolescente que ella todavía conserva.

Soy un hombre diferente, mamá, y no solo en apariencia. Mi vida entera se ha transformado en estos años lejos de casa.

Estoy de pie frente a la ventana panorámica de mi condominio, en el séptimo piso de un edificio de lujo, y miro hacia fuera. El horizonte de Chicago es tan amplio y promete tanto… Cosas con las que yo no había ni soñado cuando llegué a esta ciudad por primera vez. Cuando vuelvo a casa del trabajo, un hombre con traje, sentado en un escritorio, se toca el sombrero con las puntas de los dedos y me saluda. Aprieta un botón y la puerta se abre y me deja entrar. Me dice "señor".

Mi personalidad ha cambiado también. Al cursar la universidad, adquirí un gusto por ciertas dimensiones de la cultura que yo no había imaginado siquiera. Ahora, tengo un gusto especial por todas las cosas alemanas, desde la música de Telemann, hasta los textos de Theodor W. Adorno.

Ahora también he aprendido a apreciar la soledad y el silencio de mi casa durante los fines de semana en lugar de ir a ruidosas reuniones familiares. Aquí, me sirvo un vaso de Carménère. Pongo música y dejo que el vino haga su magia. Esta noche, Leonard Cohen me ha hecho compañía; una sola de sus canciones lleva más de una hora en un *loop* sin fin. Me gusta sentarme aquí y repasar los fragmentos subrayados de algunos de los textos que leí en la universidad: las *Leyes de Manu*, los *Upanishads*, los *Vedas*, el *Gita*: la sabiduría entera de la India ancestral fluyendo aquí mismo, en mi mesa de centro.

Cuando mi ilegalidad me parece difícil de soportar, bajo estos libros del estante más alto. Estos libros me ofrecen consuelo: son manuales excelentes de la humildad y la resignación. Algunas de sus páginas me dicen que las contradicciones y los pesares, así como los logros y las frustraciones y todo lo que hay en la vida es solo una ilusión. Y eso han de ser, porque después de un rato de hojearlos, reúno el valor para hacerme preguntas como: ¿qué hay de terrible en ser indocumentado?

Es posible que la filosofía hindú algo tenga de verdad. Me acerco un pedazo de queso y, de nuevo, bebo un poco de vino, este ritual solitario —el sacramento, las libaciones repetidas de esta, mi nueva forma de vida— es igual de reconfortante. Sintiéndome ya un poco más relajado, el curso de la vida en este momento me parece más que maravilloso. El constante flujo de la existencia y el ciclo en el que me encuentro atrapado no me inquietan ni un poco.

Entonces recuerdo a mi madre, sus ojos felices y tristes al mismo tiempo durante nuestra videoconferencia; recuerdo la cara de mi hermano, radiante por las promesas que guarda su graduación de la universidad, y las noticias que recibí acerca de mi hermano menor, su ascenso al estrellato de rock en nuestro barrio. Recuerdo la última vez que los vi: el primero tenía cinco o seis años, el segundo apenas gateaba. El hecho de que su padre sea un hombre distinto que el mío no evita que me vean como al hermano mayor. El hermano ausente. Aquél que vive "en el otro lado", con quien a veces hablan por teléfono, el que los vio crecer en las fotografías que le enviaban por correo.

La condición del indocumentado no es ningún espejismo: es distancia, clandestinidad, criminalización, vulnerabilidad, miedo, falta de movilidad, exclusión, incertidumbre, humillación.

Pero en Estados Unidos hay una inherente aversión por las historias relacionadas con la imposibilidad, la frustración y la tristeza. No permite que arraiguen en su territorio. Es aquí donde las perogrulladas que los políticos de ambos partidos articulan cuando se habla de inmigración adquieren su verdadero significado: Estados Unidos es un país de leyes, pero también es un país compasivo. Y entonces, aunque no tenga permitido viajar y reunificarme con mi familia, Estados Unidos y su compasiva genialidad (sus maravillas tecnológicas) no me pueden negar su presencia.

Cuando otras personas que conozco extrañan a sus familias, planean un viaje. Yo, una videoconferencia.

DOS

DE LAS COSAS PERDIDAS

Mi padre vivió una vida muy corta. Murió a los veintidós años, en la flor de su juventud, y apenas unos días después de mi nacimiento. Era artesano. Si yo hubiera sido un poco más sensible durante mi juventud, hubiera hecho lo posible por conservar el espejo en forma de sol que él hizo con sus propias manos. Ese espejo que colgaba, por razones inexplicables, en una pared del patio de mi abuela. Después de la muerte de mi padre, mi madre y yo fuimos a vivir allá. Hasta que cumplí los catorce años, cada vez que salía a ese patio soleado miraba el espejo colgado en una pared azul. Fue por aquel tiempo que me comencé a dar cuenta de que los colores se estaban destiñendo. Después de años de estar expuesto a la generosa luz solar de Guadalajara, el alegre arco iris de llamas que rodeaba la redondez del espejo comenzaba a perder encanto: las llamas multicolores daban paso a una escena taciturna y otoñal. Años de descuido habían cobrado su precio al intrincado y colorido espejo que, probablemente, había sido un regalo para mi madre. El espejo en el que ella se había mirado mientras se maquillaba para encontrarse con mi padre estaba a punto de perecer. Catorce o quince años después, el tiempo lo había roído lentamente: dos o tres arroyuelos de agua oxidada empañaban la superficie del espejo y hojas secas, que alguna vez fueron llamas azules, amarillas y verdes, comenzaban a desportillarse.

Ese espejo era la única posesión material que yo podría llamar una herencia. Pero el tiempo, que se lleva todo lo que somos y lo que hacemos (Leopardi), así como mi propio descuido, me lo robaron.

Los recuerdos —o más bien, pensamientos— que tengo sobre mi padre son escasos y dispersos. Mi primer recuerdo de él es, obviamente, su ausencia. En una de mis primeras reminiscencias voy corriendo frente a las vitrinas de una tienda que era farmacia, tienda de ropa y zapatería, todo al mismo tiempo. Y recuerdo ir corriendo frente a las ventanas y ver a un vecinito mío caminando de la mano de su padre. Entonces, como ahora, yo era muy curioso. Y también entonces, como ahora, yo sabía que debía permanecer callado. Cuando vi al pequeño Manuel tomado de la mano de su padre me dieron ganas de preguntarle a mi madre, quien estaba sentada en los escalones de la entrada a la farmacia con la barbilla apoyada en sus dos palmas y la triste mirada fija sobre el campanario de la iglesia, dónde estaba mi padre.

Pero no lo hice.

Algunos años después, durante el entierro de mi abuela paterna, cuando yo tenía seis o siete años, recuerdo estar de pie junto a mi madre mientras los sepultureros preparaban el lugar del eterno descanso para mi abuela. Recuerdo también cómo sus cabezas descendían más y más abajo con cada palada de tierra que sacaban. Y yo, abrazado de las piernas de mi madre, recuerdo pila tras pila de tierra saliendo del sepulcro familiar. Entre esas paladas recuerdo un pedazo de tela color mostaza y algo que parecía un pequeño colmillo de elefante: era mi padre, arrojado indistintamente entre los montones de tierra que sacaban de abajo.

Esa fue la primera vez que experimenté el terror de la vida, cuando mi madre soltó el grito más triste que he escuchado. Mi madre lloró y gritó, pero tuvo la presencia de ánimo para apartar mi mirada, como diría un poeta estadounidense, lejos de la historia y hacia el lugar donde todo dolor humano comienza. No me dijo cuál era la razón de su repentina angustia. Pero cuando volvimos a la casa de mi tío, recuerdo que él mencionó que a mi padre lo habían enterrado vistiendo una camisa de ese mismo color.

Esos restos, la manga amarilla, la costilla solitaria, son lo más cerca que he estado de mi padre. Y ahora, mientras escribo estas palabras, me pregunto si los sepultureros, con el apresurado e incesante ritmo de sus palas, habrán roto el féretro de mi padre.

¿Tuviste siquiera un ataúd, Papá?

Entonces, como ahora, me faltó valor para preguntarle a mi madre acerca de mi padre. Menos pude preguntarle sobre su muerte. Soy cobarde. Pero algún día tendré que hacerlo; estoy seguro. Algún día tendré que arreglar este asunto conmigo mismo: averiguar la fecha exacta de su muerte, por qué murió, qué clase de personalidad tenía, qué era lo que le gustaba hacer. Pero de una cosa estoy seguro: era un hombre con un alma sensible, pues mi madre conservó una libreta llena de poemas que él le escribió. Temprano, en mi niñez, cuando por primera vez intenté escribir unas líneas mías, ella se conmovió hasta las lágrimas y me dijo que esta inclinación no podía surgir de mí solamente, sino que, por necesidad, era heredada.

Se me ocurre que mi destino no era estar aquí, reflexionando sobre mi pasado, escribiendo acerca de esta confrontación, consignando este pacto de acuerdo conmigo mismo.

Ahora que estoy familiarizado con las tradiciones y el carácter de diferentes pueblos, se me ocurre que, por afinidad espiritual, yo debía haber sido británico, para así poder celebrar al magnánimo Edimburgo desde fuera o sufrir el nublado Londres desde dentro. O debía haber sido un griego de la época tardía, un romano o un indio para poder ser educado en el arte de la carne, del estoicismo y el ascetismo, todo a la vez. Pero en lugar de eso, nací mexicano.

Nacer pobre y mexicano: esa es la ridícula suma de mi tragedia personal.

Mi nacimiento determinó mi futuro. Como nací pobre y mexicano en el siglo XX, mi herencia fue la resignación, el resentimiento, el recelo, la miseria social, todo lo cual preparó el camino para que migrara, para que contemplara estos pensamientos. Mi pasado me ha traído a esta coyuntura, en la que mi más alto logro ha sido convertirme en un traductor de oscuros documentos que nadie leerá jamás, un mexicano indocumentado rodeado por un círculo que cada vez se hace más y más estrecho, el asfixiante círculo de la ley estadounidense que ahora mismo posa sus dedos sobre mi garganta.

::::

Han pasado más de treinta y seis años desde la muerte de mi padre, el tiempo suficiente para que mi madre reconstruyera su vida. Después de muchos años volvió a casarse y tuvo dos hijos más. Ahora tiene su propia casa. La casa donde viví algunos años antes de venir a Estados Unidos. Una casa que, recuerdo claramente, estaba a medio construir.

La última foto que recibí de la casa de mi madre en México me la envió en una carta, cuando todavía se mandaban cartas. La fachada, en la foto, está pintada de color vino y blanco. La reja, una construcción alta, intrincada y elegante manufacturada por un artesano local —regalo de su hermana menor y más próspera—, también está pintada de blanco. En el lado izquierdo de la casa se encuentra una construcción estándar en la mayoría de los hogares mexicanos: la cochera, que en la casa de mi madre siempre ha estado vacía. A la derecha está la cocina, y entre la ventana de la cocina y la reja hay un modesto pero bien cuidado jardín en el que florece un arbusto lleno de rosas anaranjadas. El verde del pasto y de un pino alto —que alcanzaba el balcón que estaba a medio construir cuando la foto fue tomada— contrastan poderosamente con el vino y blanco de la fachada. El año que salí para Estados Unidos le sugerí a mi madre que una pequeña palmera se vería muy bien a la mitad de lo que, entonces, era todavía un lugar árido y sin vida destinado para ser el jardín. Pero ella plantó el pino en lugar de la palmera. A pesar de ello, la carta que me escribió años después era preciosa y en ella sentí sus mejores deseos y el suave sollozo. Quería mostrarme cómo se veía la fachada de la casa ya con el primer piso terminado, pintado y, especialmente, el jardín. Antes de mi partida la casa estaba apenas a la mitad y la fachada no era más que una pared rústica de ladrillo, y, en lugar del jardín, había un lote baldío. Así, ver la fachada de la casa pintada y con el jardín fue una auténtica alegría. Pero lo que realmente me conmovió fue el último renglón de su carta: "Mi jardín está precioso, pero me faltas tú".

Han pasado muchos años desde que recibí esa carta y muchos más desde que estuve en mi hogar. A pesar del tiempo y la distancia, mi madre y yo hemos mantenido un contacto estrecho a lo largo de los años. Sin embargo, hubo una época en la que esa comunicación estuvo horriblemente truncada. Mi madre cayó —ligera— dentro de las fauces de una tristeza que nadie a su alrededor pudo entender jamás.

Durante esa época me tropecé con un artículo que decía que, en siglos anteriores, aquellos que se retraían conspicuamente eran considerados posesos o personas a quienes se les había robado el alma. Y no solo les afectaba su enfermedad, también les afectaban la falta de empatía de las personas que los rodeaban. Aún ahora, la falta de información en México acerca de la enfermedad mental es rampante, tanto en el país como en mi familia.

A lo largo de la época de su tristeza, los hermanos de mi madre nunca dejaron de visitarla ni de llevarla a pasear. Pero no comprendían la gravedad de su situación. Más tarde me enteré de que, cuando la llevaban de visita a la casa de alguien más, se sentaba silenciosamente en un rincón mientras mis tías y tíos comían, bebían y bailaban. La pequeña brigada compuesta por sus niños se ponía a correr locamente alrededor de su silla. Al darse cuenta de que parecía petrificada, algunos de ellos tiraban suavemente de su pelo. Entre esos pequeños ángeles, había otros que le hacían caras o se burlaban de ella.

Platicadora por naturaleza, mi madre se convirtió en una mujer extremadamente silenciosa. Y, gracias a eso, yo me convertí en un mejor escucha. Incapacitado para viajar y estar con ella, no podía sino llamarla diariamente y escuchar su silencio. Aprendí que en aquellos días en los que no escuchaba sino su respiración, ella estaba irremediablemente perdida, vagabundeando por los oscuros corredores o por una remota habitación de su ser. Cuando calladamente sollozaba, sin embargo, yo sentía siempre la hoja de un escalpelo que me recorría el pecho, percibiendo que su sufrimiento era inimaginable para mí y sería simplemente imposible de soportar.

Pero todo eso ya pasó. Y a pesar de lo doloroso que fue, mi madre salió de ese oscuro retiro con un sentido estético más desarrollado. Si antes de eso su gusto había sido delicado, ahora era simplemente exquisito.

Años después recibí un correo electrónico de uno de mis hermanos con una liga a un video de la casa, un video que él había filmado y subido a YouTube. ¡Qué diferente se ve ahora! El elegante y sobrio color vino ha cedido su lugar a un brillante verde limón. Mi madre me dice que, al curarse, lo primero que pidió fue pintar la fachada de su casa de color verde. Un alegre verde limón que, según algunos antropólogos, sería uno de los muchos colores brillantes que los antiguos mexicanos preferían en su paleta.

Cuando digo que la casa sufrió una transformación lo que quiero decir es que el proceso de curación de mi madre se refleja en toda su casa. Es un video silencioso de cinco minutos de duración: mi madre está ausente, el más grande de mis dos hermanos dice algunas palabras, el más chico me pinta un dedo y una canción punk se esfuma en el fondo durante el primer par de minutos. El video revela una casa llena de luz, llena por todos lados de plantas y flores; en la cocina, en la escalera que lleva al segundo piso, en el cuarto de estar, en el patio. Pero la curación es mayor. Creó un espacio de reconciliación histórica. No solo curó las heridas emocionales de mi madre: curó a toda la familia de los prejuicios congénitos que afligen al corazón mexicano.

Mi madre imaginó que estaba decorando un espacio cuya belleza la serenaría. Lo que ella ignoraba es que con ello, abriría las puertas a una nueva forma de vernos a nosotros mismos. Coexistencia. Antes de mi partida a Estados Unidos, hace unos diecisiete años, mi generación estaba enamorada de todo lo que fuera extranjero. Todo lo que viniera del extranjero era altamente valorado. Eso significaba que lo local, especialmente lo indígena, era visto con desprecio. No valía nada. Nuestro folclor era para los turistas. Nosotros queríamos ser cool, no exóticos. Todo aquello era indigno de nosotros. Una fuente de vergüenza. Tomar distancia de las expresiones del alma local nos enorgullecía. Creíamos, además, que el demostrarlo era nuestra obligación. Todo el mundo lo hacía a su visible manera. Yo, por ejemplo, me atreví a pegar un poster de Metallica en la pared de mi cuarto. Mi madre lo miró con el ceño fruncido y soltó una letanía de desaprobación. Pero nunca se atrevió a bajarlo.

La preferencia por lo extranjero no ha disminuido en el México de hoy. Lo que ha cambiado es la apreciación de lo local. Lo cual me lleva de nuevo a la casa de mi madre.

Cada uno de los dormitorios de mis hermanos tiene rasgos de lo mexicano y lo latinoamericano, así como de lo estadounidense y lo inglés. Todo ello coexiste en las paredes. Una imagen de Emiliano Zapata cuelga junto a un poster de NOFX. El Che y un póster que dice "Alto a las corridas de toros" están pegados en la puerta de un clóset. A diferencia del simple malinchismo de mi juventud, la generación de mis hermanos ha producido individuos más complejos. Ya no están avergonzados o estigmatizados por su propio origen: lo han aceptado. Las paredes de sus recámaras son un mosaico de edades y continentes.

Al final, el gran triunfador en la batalla por ocupar las paredes color salmón de la casa de mi madre ha sido nuestro pasado indígena. Lo que más destaca en las paredes del primer y segundo piso, de las estancias de ambos, en los dormitorios mismos, es una presencia que se percibe a través de sus colores. Desde la fachada verde limón hasta las pinturas que decoran toda la casa, uno puede sentir que una gran revolución doméstica se ha llevado a cabo ahí, y que, esta vez, es el elemento indígena el que ha sido reivindicado. Su estoicismo, por fin, ha producido dividendos. El quietismo radical del alma indígena ha sobrevivido a la humillación, la aversión y la indiferencia de sus propios compatriotas. Ahora ocupa un lugar central en las paredes de la casa de mi madre.

Se dice que después de la conversión de Constantino al cristianismo, el Imperio Romano experimentó una revolución espiritual. Después de siglos de desprecio y clandestinidad, los seguidores de Jesucristo salieron de las catacumbas. El dios del amor, la compasión y la redención fue admitido en la compañía pagana de Venus, Júpiter y Marte. Los cristianos sobrevivieron a Nerón, a su reinado colérico. Algunos de sus abuelos habían sido convertidos en antorchas humanas para iluminar los vastos jardines del César. Otros (¡decenas!), habían servido de alimento para las fieras en esos mismos jardines, iluminados por la luz generosa que emanaban los cuerpos ardientes de sus correligionarios. Pero las cosas estaban destinadas a cambiar. Para la época de Constantino, los roles se habían cambiado. Los cristianos bajaron de los maderos y golpearon el culo todopoderoso del César con ellos. Constantino, un hombre que hubiera podido considerarse un dios, ahora se arrodillaba ante los obispos, escuchando devotamente sus admoniciones. Roma estaba en decadencia y ellos estaban allí para restaurar su vida moral.

Algo parecido ocurrió en México. Pero, como todo lo mexicano, sucedió al revés. Mientras en Roma Cristo, se puede decir, fue ascendido, en México ha sufrido una declinación. Los padres católicos descuidaron las lecciones de sus ancestros. Permitieron que un culto local tomara fuerza. El culto a la virgen de Guadalupe, que fue un fenómeno marginal e indígena en el momento de su aparición, ocupa ahora un lugar de privilegio entre los mexicanos. Y no se necesita buscar muy lejos para encontrar pruebas. Una sencilla evidencia del video que recibí es una prueba viviente: una enorme y colorida pintura de la Virgen cuelga, estratégicamente colocada en medio de la pared del dormitorio de mi madre, sobre la cabecera de su cama. En una de sus mesas de noche, la de la derecha, está el Santo Niño de Atocha, un dios menor, ejecutor de milagros. Del otro lado, la figura de otro dios adoptado: Jesús, el Cristo. Así como Cristo desplazó al César y se convirtió en el único gobernante de Roma, la Virgen, hoy en día, es la diosa espiritual de México, desplazando la figura de Cristo a un nivel inferior en nuestra afinidad metafísica.

Hacia el final del video me quedo pensando que en la casa de mi madre se ha registrado un gran avance. Un cambio cuyo desarrollo no pude atestiguar, excepto por esta grabación de cinco minutos que ha descendido sobre mí como una distante pero conmovedora revelación. Pero, si es que la realidad sobre la que he especulado aquí es verdad en el México que se extiende más allá de las paredes de la fortaleza de mi madre, es algo que no puedo saber, ya que no puedo comprobarlo en persona.

:::

Entre las cosas que he extraviado en el tiempo, está el idilio privado de mi infancia. Cada mañana, siguiendo una tradición que comenzó cuando yo era un adolescente en mi hogar, acompaño mi primera taza de café con una pieza de pan proveniente de una panadería mexicana. Una sema, una concha, un ojo de buey, un niño envuelto. Pero mi favorito, de lejos, es el que llaman magdalena y que no se parece en nada a la contraparte española de las *madeleines* francesas. Eso me hace pensar que, quizá, la señora de la panadería inventó el nombre. Cuando le pregunté cómo se llamaba la pieza de pan, adquirió un aspecto confuso y dudó antes de responder. Luego balbuceó el nombre. ¿Será que le dio vergüenza no saber el nombre de todos los panes que se venden ahí y dijo lo primero que se le vino a la cabeza?

Sea como fuere, el comenzar mis mañanas con una taza de café caliente y una magdalena con su cubierta de coco desmenuzado bien repartida sobre la parte superior y las pasitas que mis dientes buscan afanosamente, me protege de todas las pequeñas calamidades que me esperan, de cualquier molestia que me aceche en el trabajo o en la ciudad. O de la sencilla amargura de vivir. Y cuando en la panadería se les acaban las magdalenas cuando paso por ahí los lunes por la noche, bueno, pues lo que hago es comprar una dotación para una semana de cualquier otro tipo de pan dulce. Cualquiera me sirve, mientras aplaque la necesidad. Mientras pueda conciliar este estómago escandaloso que me despierta gruñendo.

Me he tratado de convencer a mí mismo de que estos antojos mañaneros tienen razones ulteriores. Tres razones principales. La primera es que mi pan dulce es algo delicioso, aunque la fruta del plato de al lado lo haga ver como algo poco saludable. En segundo lugar, porque permitirme la indulgencia de esta golosina de treinta y cinco centavos de dólar temprano en la mañana crea la ilusión de que las cosas serán igualmente buenas por el resto del día. Pero en realidad, la razón con las raíces más profundas, aquella por la que sigo esta rutina de forma férrea, es porque mantiene vivos mis recuerdos.

Es como si hubiera heredado este hábito y se me hubiera pedido que lo mantuviera. Me ha permitido tener cierta regularidad en mi vida, una tradición hogareña que sigue intacta, aun después de estar lejos de mi hogar por tanto tiempo. Creo que debería estar agradecido porque el destino me trajo a Chicago, donde abundan las panaderías mexicanas baratas. Panaderías que visito una vez a la semana para no tener que volver todos los días. Especialmente en mañanas frías, como esta, cuando la gente que espera en la parada del camión tiembla como pajaritos mojados que se sacuden el exceso de agua.

¿Tendrán un consuelo parecido, esas pobres almas que tiritan, arropadas, esas almas que se atreven a desafiar el ártico frío de Chicago?

El café llegó en la adolescencia, pero el pan ha estado siempre allí, desde que tengo memoria. Es parte de mis recuerdos más tempranos y, en definitiva, es el primer recuerdo de mi vida laboral. He de haber tenido seis o siete años cuando, al lado del más joven de mis tíos por parte de mi madre, comencé a llevar pan dulce hasta las puertas de las casas de los vecinos. Él llevaba la charola, a veces balanceándola sobre su cabeza, encontrando el equilibrio perfecto mientras caminaba. La mayor parte de las veces, sin embargo, la llevaba sobre su ancho hombro derecho. Yo, su chalán, iba a su lado, extremadamente satisfecho con nuestro trabajo. Hacía feliz a la gente. Los hacía sonreír y nos daban las gracias profusamente. Las calles de nuestro barrio, nuestra ruta comercial, tenían algo de fábula encantada. De cuento de hadas en el que el papel de algunos niños era ser niños y jugar afuera con sus hermanos y amigos, mientras que el mío era llevarles la alegría irremplazable del pan dulce. En el momento en el que nos veían acercarnos, a mi tío y a mí, corrían a nuestro encuentro. Daban de gritos, con los ojos abiertos y redondos, las bocas hechas agua, se nos acercaban nuestros pequeños clientes. Muy pronto, sus madres salían de las casas para pagar por las golosinas de sus hijos.

He tenido un gran número de trabajos desde entonces, muchos de los cuales he olvidado. Pero no esos días. Siempre he atesorado esos recuerdos de mi infancia. Esas tardes después de la escuela cuando el abundante sol de Guadalajara comenzaba a ponerse en el horizonte. Desaparecería detrás de las icónicas torres azules y amarillas de la catedral. Un mar de azules y morados, de rojos y naranjas lo devorarían prestamente, y a todo esto seguiría la oscuridad que surgía desde Tonalá. Como todavía era inocente acerca de mis desventajas económicas y no estaba todavía consciente de las frustraciones de mi condición social, consideraba la vida bajo otra luz. El curso de las cosas me parecía normal y natural. Después de todo yo, como mis pequeños vecinos, podía salir a jugar. Pero solo después de que las entregas fueran hechas y de que la charola prestada fuera devuelta a la Panadería Tokio. Solo después de cobrar y traer nuestra pequeña porción de ingresos y de pan sobrante de vuelta a casa.

Hay un recuerdo aún más profundo de mi infancia, no relacionado con mi Guadalajara natal, sino con la aldea ancestral de mi familia en Zacatecas, donde mis bisabuelos vivían y a quienes recuerdo haber visitado algunas veces durante mi infancia. Los dos eran humildes campesinos, mis bisabuelos, gente del campo casi analfabeta. Había algo desconcertante en su relación con la tierra. Vivían dentro de esa falda de la que habla Octavio Paz: una ondulante falda de maíz que canta y arrulla los oídos. Quizá por su cercanía con ella mis bisabuelos no creían, como yo creo ahora, en la mitología del maíz.

Yo creo en Centéotl, Señor del Maíz. Creo que al nacer se enterró en el suelo para que su semen preñara la tierra. Creo que de ahí surgimos. Creo que ese es nuestro origen verdadero. Creo que nosotros, los mexicanos, estamos hechos de maíz. Creo en la santidad de la paciencia, en el esfuerzo colectivo de generaciones. Creo en cada segundo invertido a lo largo de esos miles de años, en la observación prolongada, en el estudio científico, en la devoción. Creo en este grano silvestre destinado a convertirse en alimento y dios de un pueblo. Creo en las propiedades visibles e invisibles y en las virtudes de este gran logro humano. Creo que la domesticación del maíz entraña un pacto que no puede romperse. Creo en esta íntima alianza. Creo que un grano de maíz florece de forma constante dentro de mí. Creo en la sabiduría del Popol Vuh, cuyos dioses formaron un imperfecto hombre de maíz para que pudiera orar, dar gracias y ofrecer tributo. Creo en este círculo perfecto: en el grano subterráneo que surge de la tierra, que se eleva y ofrece su fruto al hombre. Este alimento. Esta plegaria que llena de gracia el árido suelo mexicano, convirtiéndolo en un fértil seno.

Pero ni papá Santos ni mamá Ramona tenían ideas románticas acerca del maíz. Para ellos, el maíz no era poesía. En las manos de papá Santos, el maíz era tan sólido como la yunta de madera que rodeaba el cuello de sus bueyes. Junto con los frijoles, el maíz era el grano que cultivaba en sus tierras. En las manos de mamá Ramona, el maíz se transformaba. Se convertía en granos quebrados y en masa. Simplemente molidos, los granos de maíz alimentaban a los pollos, dejando el olote para los puercos. A través de un proceso distinto, alimentaba a sus hijos.

En retrospectiva, apenas ahora comienzo a tener una vaga idea de las invaluables lecciones que están contenidas en esos recuerdos infantiles de mis visitas a mis bisabuelos. Los campos de frijol y las milpas, el mugido de las vacas y el canto del gallo tempranero. Fue allí donde pude atestiguar hábitos que tienen siglos, o quizá milenios de antigüedad. Como toda la gente de campo, papá Santos se levantaba al alba para comenzar sus labores. Alimentaba a sus animales, ordeñaba sus vacas, cosechaba los frijoles de sus tierras. Y aunque nuestras comidas diarias variaban, el alimento central, el que siempre estaba presente, era el maíz en forma de tortillas. La tortilla que siempre comí con ganas y por la cual no le di las gracias a nadie. Una tortilla: el punto final de un círculo perfecto. El producto final de un proceso que comenzaba en las manos callosas de papá Santos cuando araba la tierra, preñándola con la semilla y cuidándola con paciencia hasta que llegaba el momento preciso para cosecharla. Fue entonces cuando atestigüé el trabajo dedicado de un hombre que, por citar a Miguel Ángel Asturias, fue "maíz hecho hombre sembrador de maíz".

La tortilla que yo comía era maíz que había atravesado un complejo proceso que abarcaba algunos pasos cuyos nombres me sonaban extranjeros y misteriosos: milpa, maíz, molino, cal, nixtamal, metate, masa, comal, tortilla. Era en las generosas y arrugadas manos de mamá Ramona que este proceso llegaba a su final. Contenta al ver a sus bisnietos sentados a la mesa de su cocina de adobe, jamás pidió ayuda de nadie. Ni exigió la fuerza de nuestros jóvenes brazos para cortar la leña necesaria para el fuego. Nunca se cansaba de contarnos historias mientras hervía los elotes, hacía la masa y la convertía en círculos que, en algunos minutos, saciarían nuestro apetito. Tan pronto como una tortilla humeante caía dentro del tortillero, uno de los comensales extendía la mano y la tomaba. Nunca vimos realmente —tan ansiosos estábamos de deleitarnos con ellas— la mesa de reina de mamá Ramona coronada por el milagro del maíz hecho tortilla.

Ahora, décadas después, cada vez que entro en un restaurante mexicano que ofrece tortillas hechas a mano, no puedo evitar sentirme, al mismo tiempo, nostálgico y satisfecho. En una laboriosa cocina cercana a mi casa, doña Irene repite el ritual de mamá Ramona. Durante los fines de semana, el restaurante está lleno de gente y cada una de las más de treinta mesas requiere al menos dos órdenes de cuatro tortillas, cantidades industriales, si se toma en cuenta que el ritmo de preparación tiene que ser lento. Aun así, doña Irene atiende con puntualidad cada tortilla: toma una bola de masa, la aplasta con una pesada prensa de madera, levanta el disco crudo y lo asienta en el comal. Visto a la distancia, su trabajo tiene la monotonía de una línea de producción. Pero debe existir un misterio implícito, algún gozo escondido en la lenta y delicada manipulación de cada tortilla. Una burbuja de aire se levanta pausadamente en el centro de la tortilla, dándole la señal de que es el momento de darle la vuelta rápidamente. Su mano derecha obedece y se mueve con precisión, mientras ella sonríe y canturrea la canción que se derrama desde los altavoces en el comedor.

¿Es esa una sonrisa de gratitud o de satisfacción? ¿Un recuerdo de su propia infancia? Como yo, lo más probable es que doña Irene también sea indocumentada. Pero esto parece no importar. Después de todo, ambos podríamos decir, parafraseando un ancestral dicho romano *Ubi panis ibi patria*: donde hay maíz, ahí está mi hogar.

TRES
MI EDUCACIÓN ADULTA

Inglés

Cuando llegué a Chicago, una de las cosas que llamó mi atención fue la ausencia de vida en las calles. La vida en Estados Unidos, ya pronto lo aprendería, se vive puertas adentro. Y ahí estaba yo, enclaustrado en la intimidad de las casas de parientes lejanos, todavía perplejo por el extraño y nuevo mundo que me rodeaba, cuando vislumbré por vez primera la complejidad del lenguaje en Estados Unidos. Observé, por ejemplo, que los niños hablaban casi solamente inglés, mientras que los adultos hablaban exclusivamente español. El hecho de que los adultos no les contestaran a sus hijos en inglés me pareció, al principio, un hecho digno de ser ensalzado, algo que hablaba bien de ellos. Lo vi como una forma perfectamente normal de ayudar a los niños a preservar el idioma de sus padres. Después de todo, yo no tenía duda de que, si hubieran querido, mis parientes les podrían haber contestado a sus hijos en su nuevo idioma. Ingenuamente, yo había deducido que todos mis parientes que vivían en Chicago habían aprendido ya a hablar inglés. Después de todo, muchos de ellos llevaban aquí más de veinte o treinta años. Pero esa deducción, ya se vería, estaba equivocada.

Apenas unas semanas después de llegar a Chicago, me mudé a la casa de mi primo Pedro. Un sábado, me llevó al centro comercial. Pedro era ocho años mayor que yo y tenía una familia preciosa. Su hijita de cinco años vino con nosotros. Recuerdo haber pensado que a lo mejor la había traído con nosotros para comprarle una pequeña muñeca. Sin embargo, a pesar de sus angelicales peticiones y del berrinche que vino después, Pedro se mantuvo en sus trece. No le compraría nada de eso. Cuando nos dirigimos a la tienda de zapatos, se aclaró la razón para traerla. Ella iba a ser nuestra intérprete. Después de probarse algunos pares que le quedaron grandes, Pedro le ordenó que fuera a pedirle al vendedor de zapatos un par de un número más pequeño. Y ahí fue, la pequeña Norma, con su inglés aprendido de la televisión, a cumplir con la petición de su padre.

Haber presenciado la complacencia y la total dependencia de mi primo para con su hijita fue un momento decisivo en mi vida en Estados Unidos. Me hizo sentir avergonzado y atemorizado al mismo tiempo. ¿Qué tal si el destino me tenía guardada una suerte semejante? La sola idea me aterró.

Las razones de Pedro para no aprender inglés me intrigaban. Nunca se lo pregunté a él directamente, pero pensé mucho en ello. Tal vez nunca tuvo la oportunidad de aprenderlo, me dije. O tal vez había estado trabajando tanto desde el momento de su llegada (unos nueve años antes que yo), y simplemente no había tenido tiempo de inscribirse en unas clases.

Viví en casa de Pedro algunos meses, trabajando con él y otros parientes algunas semanas en una fábrica. Fue entonces cuando me di cuenta de que no era por falta de tiempo que no había podido aprender inglés. Le faltaba voluntad. Simplemente, no le importaba. No le interesaba el mundo que había más allá de la línea de producción de la fábrica. Encontraba su satisfacción en las obscenidades proferidas por los locutores de radio mexicanos que escuchaba en el trabajo, en su sillón cómodamente situado frente a la televisión que siempre mostraba los canales de habla hispana.

En el capítulo siguiente escribiré acerca de mi lento y continuo aprendizaje para captar los complejos matices del idioma inglés, sobre todo del inglés hablado. También escribiré de las complicaciones que esto trajo a mis relaciones con mis parientes. Por ahora baste decir que en mi vida temprana en Chicago todo aquello que observé en lo que me rodeaba fue crucial en mi decisión de comenzar a aprender inglés inmediatamente.

No había pasado mucho tiempo desde aquella visita al centro comercial con Pedro y su hija cuando me enteré de que había un *community college* cerca de su casa, donde las clases de inglés eran gratuitas. Después de percatarme de esto, inmediatamente cambié de empleo. Abandoné el codiciado turno matutino en la fábrica y me fui a trabajar como lavaplatos a un restaurante mexicano. Mi horario sería vespertino, y esto me daría oportunidad de asistir a las clases de ESL (inglés como segundo idioma) durante el día.

Completé los cinco niveles de ESL en dos años. Me embarqué en el aprendizaje del inglés deseando que me facilitara la entrada a una comunidad de la que deseaba formar parte. Me quería conducir en esa sociedad con la libertad de un hablante nativo. Crecí mirando películas de Hollywood, y una vez que estuve viviendo en Chicago quise hablarlo aún más: deseaba su agilidad, su ingenio.

Aprender inglés también me ofreció recompensas inmediatas. Me permitió, por ejemplo, reanudar mi educación.

Muchos años antes, mi educación formal se había interrumpido de tajo porque no había pasado el examen de entrada a la prepa (el equivalente al *high school,* que la generosidad de los políticos mexicanos convertirá en obligatoria a partir del año 2022) en mi natal Guadalajara. Cuando supe que no había podido pasar, me decepcioné, pero fue una decepción amortiguada. Desde la infancia temprana yo había aprendido a establecer una equivalencia entre la escuela y la adversidad, en términos de acceso y desempeño. La escuela no estaba en mis genes. No era para mí.

Aun si pasaba el examen de admisión, lo más seguro es que tuviera que abandonar los estudios poco después. La situación económica de mi familia era tal, que no podía darme el lujo de terminar. Como millones de adolescentes mexicanos, una de mis obligaciones era traer un pequeño sueldo a casa de forma que mi familia pudiera completar el gasto.

Pero tuve un consuelo. Fui la primera persona de mi familia en hacer el examen de admisión a la prepa. Ese era mi mayor logro y yo estaba muy orgulloso de él.

Al entrar en el sistema educativo estadounidense, se me asignó un lugar en la categoría de los que desertan los estudios en preparatoria. Paradójicamente, si se toma en cuenta que menos de la mitad de los mexicanos terminan la primaria, el tener escasa formación académica acarrea un profundo estigma entre nosotros, y mi caso no fue la excepción. Estar consciente de esto me hacía sentir avergonzado. Al progresar en mi vida en Estados Unidos me imaginaba que todo mi carácter moral iba a ser juzgado exclusivamente por mi falta de formación. Estaba tan avergonzado y temeroso por esta razón, que cuando mis parientes me llevaban por los suburbios del sur de Chicago para llenar solicitudes de empleo en fábricas, o parando en construcciones para ver si necesitaban un par extra de brazos jóvenes, o en las cocinas de los restaurantes para ver si necesitaban quien lavara los platos, yo escribía en la solicitud que sí había terminado la preparatoria. Pero mentía. No fue hasta que comencé con mis clases de ESL que me enteré de que podía estudiar para el GED y obtener mi diploma de equivalencia de estudios de la preparatoria.

Después de año y medio de estudiar inglés, hice el examen para el GED y lo reprobé. Entonces volví a mis libros, estudiando cada mañana antes de ir a clases de inglés y cada noche después del trabajo. Hice el examen de nuevo y, de nuevo, reprobé. Fue hasta el tercer intento que logré aprobar. Después de haber hecho esto, me vi a mí mismo como un hombre cabal e inteligente. Estaba satisfecho y feliz conmigo mismo.

Recibí mi diploma de GED un poco después y creí que ya nunca más tendría nada que ver con la escuela. Todos mis parientes y colegas estaban asombrados. Celebraron mi logro. Estaban absolutamente convencidos de que, con el codiciado diploma, las puertas de la prosperidad se abrirían ante mí. Cuando dejé el South Suburban College lo hice con la ilusión de encontrar un empleo decente. Pero los cinco años siguientes me encontraron todavía lavando platos y haciendo todo tipo de chambas mal pagadas.

Entonces fue que se me ocurrió que debía solicitar el ingreso a la universidad. ¿Qué podía perder? Solicité el ingreso a otro colegio comunitario. En cuanto recibí la carta de aceptación, renuncié a la última de las chambas ocasionales que había desempeñado en esos cinco años y decidí que solo trabajaría en el restaurante mexicano. Esa noche me puse mi largo delantal de vinilo impermeable y la redecilla de pelo y continué con mis actividades de lavaplatos. De alguna forma, ese sueldo tendría que mantenerme a lo largo de mis estudios universitarios.

Después de tomar el GED tres veces había tenido un vislumbre de lo mal preparado que estaba para el reto de la educación superior. Pero también había aprendido algo acerca de mí mismo: a pesar de lo difícil que pudiera ser, si se me daba la oportunidad, yo me crecía ante los obstáculos. Cada día de los siguientes seis años de universidad los dediqué exclusivamente a dos actividades: trabajo y estudio. En las noches trabajaba en el restaurante y luego me iba a la casa a hacer tareas —las partes más ligeras— para enfrentarme a las lecturas más difíciles con una mente despejada en la mañana, antes de ir a clases. Me faltaban la preparación y las destrezas del idioma, pero mi idea era que mi voluntad y mi disciplina compensarían eso. Y fue esa determinación, así como la instrucción invaluable de maestros como la señorita Hill-Matula, mi profesora de lectura con quien tengo una deuda enorme, que comencé mi primer año como estudiante universitario, tomando clases de lectura básica, aritmética, geografía e introducción a la filosofía.

Moraine Valley

Sentado en un salón de clases, rodeado por personas por lo menos diez años más jóvenes que yo, me sentí inmediatamente aturdido, desorientado y cegado por la luz de la alegoría de Platón. Ese fue mi primer encuentro con la filosofía. "Yo soy como una de esas personas en la caverna", recuerdo que me dije, sentado en mi pupitre, hipnotizado. Sentí un grillete de metal alrededor de mis tobillos y el peso de cadenas invisibles que me ataban a la oscuridad.

Mi perplejidad me siguió aun fuera del salón de clases durante meses, y era tal que, mientras estaba en el trabajo sentía que mi obligación como persona pensante era preguntarles a los cocineros sus razones para exigir que me apurara con los platos. ¡Ja! ¡Como si la velocidad con la que yo restregaba los trastes pudiese marcar diferencia alguna en el gran plan de las cosas! ¿Que no sabían que la esencia de las cosas es permanente e inmutable? Que el movimiento es imposible porque entre un punto y otro siempre hay un punto medio, y que de ese punto medio a otro punto hay un número infinito de puntos intermedios. Me daban ganas de decirles:

—Tranquilos, no vamos a llegar a ninguna parte; a todos ustedes los están engañando los sentidos.

¿O debería, mejor, cumplir con su urgente petición y permanecer indiferente y remoto? Una teoría distinta, la de Heráclito, me aseguraba que la persona a la que le habían gritado y aquella que lavaba los trastes eran dos personas completamente diferentes. Me sentía obligado a entablar un diálogo socrático con los cocineros para comprobar si los platos que me exigían eran lo que ellos pensaban que eran o si habían estado viviendo una mentira toda su vida. Encadenados en la caverna, habían vivido engañados por las sombras. ¡Una idea como esa seguramente los dejaría confundidos! Pero entonces, anticipando su respuesta, "¡Déjate de chingaderas y apúrate con esos pinches platos cabrón!", abandonaba mis inquietudes filosóficas y restregaba los platos con más fuerza.

Los tesoros de la lengua inglesa, de la literatura y la filosofía ejercieron sus milagrosos dones sobre mí, pero con resultados desagradables. Cuando me aventuré en ese vasto universo era yo una persona joven, ingenua y optimista, pero, en cuestión de años, me transformé en un hombre confundido, amargo y resentido. ¿Qué hacía yo, un lavaplatos cualquiera, leyendo acerca de la apoteosis del Satán de Milton? ¿Qué hacía yo explorando las oscuras regiones del pensamiento de Hamlet? ¿Por qué tenía que reflexionar acerca de la virtud americana de la autosuficiencia, la fe para imponer la voluntad sobre los retos de la vida, tal y como lo predicaba Ralph Waldo Emerson? ¿Por qué andaba metiendo las narices en los estragos de la bestia rubia de Nietzsche, cuando yo mismo no era más que un animal de carga?

No sé cuáles sean las respuestas a estas preguntas; solo puedo decir que estas lecturas definieron la etapa temprana de mi educación adulta, el despertar de una sensibilidad, el descubrimiento de un reino fantástico, una dimensión remota y desconocida para mí, a la cual no tuve acceso sino hasta aproximadamente los veintiocho años de edad.

Así, envuelto por una nube de misterios, transcurrieron mis dos primeros años universitarios. Antes de completar esos años iniciales en Moraine Valley, mi consejero académico me pidió que fuera a verlo. Allí se me dijo que debía comenzar a planear mi traspaso a la universidad. Había solicitudes que llenar, becas que pedir.

Como era el primero de mi familia en ir a la universidad, no tenía ejemplos que seguir. Esto hizo que las cosas fueran relativamente fáciles porque no tenía nada que probarle a nadie, ninguna autoridad a la cual satisfacer, y esto me dio una gran libertad. Pero también estaba tan perdido que, cuando mi consejero me preguntó en qué me quería especializar, lo que exclamé de inmediato fue "¡Filosofía!" Y así sucedió. Mi consejero no me cuestionó. No se opuso a mi elección. Estaba muy atareado, pero aun así comenzó a buscar en internet los programas del área a los cuales yo pudiera solicitar ingreso.

Si tuviera que identificar los momentos que han determinado mi vida, esa breve entrevista con mi consejero sería uno de ellos. Sí, tomé una decisión, pero no se me ofreció ninguna otra opción. No se me informó, por ejemplo, que un título en filosofía no me conseguiría un trabajo; no se me dijo que estaba limitando mis oportunidades de conseguir empleo; no se me dijo que debería, quizá, considerar una profesión más redituable, como contabilidad o administración de empresas. Eso, ahora me doy cuenta, hubiera cambiado mi vida. Me habría ofrecido la oportunidad para tener una carrera que diera dinero, una forma práctica de superar mi desventaja socioeconómica.

Ahora, muchos años después del hecho, considero una gran ironía que el consejo dado con descuido me haya llevado a recibir una educación de primera categoría en las humanidades. Esto, por supuesto, fue a costa de una movilidad social más rápida. Como quiera, la decisión que tomé acerca de mi educación fue la elección más pura que pude haber hecho. No fue influida por la codicia ni por consideración pecuniaria alguna. Mi deseo surgió del impulso bárbaro que George Santayana considera necesario para los ensueños más pasionales. Un despertar vivísimo había operado en mí durante mi primera lección de filosofía, y estaba decidido a vivirlo lo más cabalmente posible.

Después de una tortuosa espera de algunos meses, comencé a recibir cartas de las universidades adonde había enviado mi solicitud. Como mi única ambición era estudiar filosofía y parecía que la demanda de esa especialidad era muy poca, fui aceptado en todos los programas. Pero solo uno me ofrecía beca. Y esto, el que se me ofreciera una beca, era muy alentador y un gran alivio. Como yo no podía solicitar ayuda estatal o federal, había estado pagando mi colegiatura por cuenta propia. Por suerte, me habían ascendido en el trabajo. Después de pasar más o menos un año en la universidad, mi inglés y mi educación me habían ayudado a salir de la cocina e ingresar al comedor del restaurante donde trabajaba. Se me ofreció el trabajo de garrotero y ayudante de mesero, mismos que acepté inmediatamente y que me llenaron de orgullo. Y esto sí que era un ascenso: el trabajo no era tan duro, los meseros eran mucho más amables que los cocineros, mi sueldo subió un dólar por hora y, lo más importante, comencé a recibir propinas cada noche. Esto me ayudó a pagar mi colegiatura y me hizo sentir que estaba bien situado en el camino hacia la prosperidad.

Las cosas siguieron así durante el resto de mi estancia en el colegio comunitario. Los gastos escolares y de útiles eran parte de mi educación y yo trabajaba duro para cumplir con estas obligaciones financieras. Consideraba que las largas y arduas mañanas, noches y fines de semana que pasaba estudiando física, trigonometría y cálculo eran una forma productiva de emplear mi tiempo, aunque no produjeran nada más que estímulo intelectual. Y entonces, apabullado por la naturaleza de la aceleración y por el cálculo de derivadas, con frecuencia me encontré escapando en un vuelo mental, reflexionando que había avanzado bastante desde mis primeros días en la escuela de ESL unos siete años antes. Tal vez mi situación económica no había

mejorado tanto desde entonces, pero, dentro de mí, una silenciosa
revolución comenzaba a agitarse.

Lake Forest College

La primera vez que manejé por las calles de Lake Forest quedé encandilado por todo lo que veía. Esta comunidad suburbana era como
una mágica aldea donde el orden, la limpieza y la riqueza contras-
taban agudamente con el caos, la suciedad y la pobreza del barrio
mexicano del que había salido apenas hacía una hora. Lo primero
que me llamó la atención en este suburbio de Chicago fue la sime-
tría, el orden y la civilidad.

Durante el tiempo que había pasado en Chicago, había estado
en otros suburbios, pero ninguno podía compararse con este. Su
riqueza ilimitada se evidenciaba desde las sinuosas calles empedra-
das, hasta la arquitectura de sus viejas mansiones. Pero aquello era
solo el preludio de lo que me esperaba. El Lake Forest College era la
escuela más bella que había visto hasta entonces. Me sedujo con su
encanto apartado, con su vasta reserva forestal y los árboles que se
elevaban hacia las alturas, coronando mi experiencia de esa fresca y
nublada tarde. Como llegué temprano a mi cita, caminé por el campus en medio de una nube, sintiendo que había sido transportado
a una dimensión diferente, fantaseando acerca de lo maravilloso,
lo perfecto que sería para mí el dedicarme por completo al estudio
de la filosofía en un lugar así. ¿Cuántos misterios se revelarían ante
mí durante mis ocasionales caminatas matutinas por esos bosques
encantados? Los cielos grises de esa tarde me dieron la ilusión de que
el campus tenía un aire alemán, y eso, estaba seguro, me ayudaría a
desenmarañar las teorías de Leibniz, Wolff, Kant, Hegel, Schopenhauer y Heidegger.

Apenas dos semanas antes, había recibido una carta de la oficina de
inscripciones. En un esfuerzo por reclutar a personas pertenecientes
a minorías, Lake Forest College me había ofrecido una beca. Recibí
la carta y la leí casi en éxtasis, apenas daba crédito a mis ojos. Mi
consejero me había sugerido que solicitara el ingreso allí, diciéndome
que era una pequeña y buena institución para estudiar humanida-

des. Lo que yo ignoraba acerca de ese tipo de universidades es que estaban fuera de mi alcance, que eran imposibles de pagar. Pero eso no me desanimó, y por un tiempo mantuve la ilusión de que podría lograrlo y pagar esa exorbitante colegiatura. La beca que se me había ofrecido apenas cubría la mitad de la colegiatura total, lo cual dejaba de lado la otra mitad, el alojamiento y la comida, un gran total que, de ninguna manera, podía solventar.

Pero no importaba. Concebí algunos planes: haría las dos cosas. Trabajar y estudiar tiempo completo. Ya lo había hecho con éxito los dos años pasados. Como el dinero que ganaba no era suficiente, le pediría un préstamo a algún pariente, con la promesa de pagar rápidamente después de la graduación. Había escuchado que la mayoría de los estudiantes universitarios debían enormes préstamos que tenían que pagar después de la graduación y asumí que ese sería, también, mi caso. Dadas mis circunstancias, probablemente tardaría mucho más en pagar, pero no me importaba. Lo que me importaba era que ya estaba en el camino de la prosperidad. Al menos en apariencia.

¿Quién hubiera dicho que yo, un inmigrante indocumentado que hasta hacía poco se ganaba la vida lavando platos, estaría codo con codo entre los chicos ricos de todo el país? Quizá este fuera un auténtico asidero, una verdadera coyuntura para conocer a alguien allí, algún empresario que pudiera vislumbrar mi potencial y me ofreciera la oportunidad que tanto deseaba.

Sin embargo, al final terminé por no asistir al Lake Forest College. Asistí a mi cita, se me dio una vuelta por el campus y, mientras íbamos caminando entre los edificios y me fueron presentadas las diferentes organizaciones estudiantiles y las fraternidades, me di cuenta de que yo no pertenecía allí. Mientras más atestiguaba la infinita riqueza, mientras más la miraba derramarse desde los salones, los dormitorios, las salas para estudiantes, más se agudizaba la conciencia de que mi pobreza era como un océano que me separaba de todos los que ahí estaban. Traté de ignorar este hecho y hasta un par de semanas después de mi cita me esforcé por convencerme de que podía hacerlo. Pero la verdad ya me había anclado a mi realidad concreta y terminé por asistir a una universidad estatal.

Una de las cartas de admisión que recibí fue la de la Universidad de Illinois en Chicago. No me ofrecieron beca alguna, pero el incentivo de continuar con mi educación seguía ahí. Aunque a la UIC le faltaba el encanto del Lake Forest College —que en mi ingenuidad confundí con la calidad en la educación— me dio gusto haber sido aceptado. Asistir a una escuela con encanto estético había sido mi ambición, como si el atractivo visual pudiera compensar la solidez académica. ¡Qué mexicano me vi!

La UIC tal vez no llenó mis expectativas estéticas, pero el haber sido aceptado reforzó mi confianza en mí mismo. Me dio una sensación de haber logrado algo. Después de arreglar las cosas, asistí a la sesión de orientación. Al llegar al campus reconocí rápidamente el entorno. Recordé que, muchos años atrás, cuando apenas llevaba unas semanas en Chicago, pasé cerca de la entrada principal en la calle Halsted. Yo iba en una camioneta de jardinería. Metido entre mi primo y nuestro jefe americano, íbamos camino a podar el césped de una persona rica. Sin prospecto alguno de asistir a la universidad algún día, miré las hordas de estudiantes que entraban y salían del edificio principal. Caminaban aprisa frente a nosotros, con las mochilas llenas de promesas, de sabiduría. Mientras esperábamos en la camioneta a que la luz del semáforo se pusiera verde, me asaltaron muchas emociones: me sentí secretamente avergonzado, enojado, emocionado y esperanzado. Dos mundos se cruzaban en el camino, el de adentro de la camioneta y el de afuera. Yo pertenecía al primero. No había lugar para mí en la fresca sombra del salón de clases ni en la comodidad de las salas de estudio ni en las discusiones en las salas de conferencias ni en el sagrado silencio de la biblioteca. Esos lugares, definitivamente, no eran para mí.

Yo pertenecía al aire libre. Mi trabajo era físico más que mental. Mi fraternidad era con la enorme podadora. Bajo el calor opresivo del verano que se acercaba, el hombre y la máquina estaban destinados a convertirse en uno solo. Estableceríamos un paso parejo. Una danza armoniosa al ritmo del motor de la podadora, mientras yo me apuraba detrás de ella. Una danza impulsada por el aroma a gasolina quemada, a pasto recién cortado, a la intensa humedad veraniega que me provocaría una candente urticaria, haciendo que el cuerpo entero me picara y me ardiera.

Aun así, sentado ahí yo miraba, hechizado. El mundo frente a mí parecía tan distante. Era tan ajeno el espectáculo que se desplegaba frente a mí que hasta los estudiantes parecían pertenecer a otra especie. ¿Qué estaba haciendo yo, un mexicano pobre, tan cerca de Estados Unidos y tan lejos de dios?

Ahora, camino a mi sesión de orientación, me encontré cruzando la mismísima calle por la que aquella vez atravesara, recreando la escena de hacía años, pero desde una perspectiva distinta. El mundo del que me había sentido excluido ahora me abría sus puertas, me daba la bienvenida y me hacía sentir importante. Privilegiado. Habían quedado atrás los días del agotador trabajo físico. Ahora estaba listo y decidido a mostrarle mi potencial a todos, aunque no tuviera la menor idea de quiénes eran "todos" ni qué "potencial" me estaba imaginando. De hecho, ahora que lo pienso, lo que me enorgullecía era la sola *idea* de asistir a la universidad, más que la posibilidad de éxito. No sabía qué haría después de graduarme ya que mi comprensión de la educación universitaria era más ideológica que pragmática.

Desde el momento en el que, dos años antes, había tomado mi primera clase de filosofía, atesoré secreta y pasionalmente, e incluso argumenté la idea de que un hombre educado, si de verdad pretendía serlo, debía cultivar su intelecto antes que prestar atención a las demandas pecuniarias que el mundo le imponía. El alimento de la mente debía tener prioridad sobre la banalidad concreta de la vida cotidiana. Así hablaba mi yo dogmático.

Cegado por la luz que emanaba de la caverna platónica, me aferré con fuerza a mis ideales. Mi fe en la vida de la mente se mantuvo impertérrita. Así fue que comenzó mi primer año como estudiante de filosofía.

En la UIC mi fervor aumentó en proporción directa a la intensidad de la luz que caía sobre mí. Todos los días se me bombardeaba con ideas novedosas y emocionantes: Leibniz me impresionó con su imaginación sin límites y por la vastedad y la precisión científica de su fantástico universo. Me fascinó el método de Descartes, por su novedad. Hume me apabulló con su irreverencia, me sedujo con su prosa y me cautivó con el rigor de su intelecto. El genio de Königsberg, Immanuel Kant, me desgarró con la dialéctica contemplativa entre las estrellas y el alma.

Mi educación resultó tan eficaz que, cuando terminé mi último año, estaba listo para graduarme con una sólida formación en filosofía y sin la menor idea de lo que haría después. Mi vida había sido transformada: experimenté una revolución silenciosa de una naturaleza tan íntima que no dejó cicatrices visibles, como no fuera un paradójico y creciente estigma.

Al graduarme descubrí que mis fervorosos e intensos años de estudio me habían convertido en un miembro de la sociedad absolutamente inútil.

Pero había aprendido la lección. Inmediatamente después de graduarme comencé una maestría en Literatura Latinoamericana en la misma universidad. Durante mis años de preparatoria no tomé ninguna clase que se relacionara con el tema, así que solicitar el ingreso al programa era, simplemente, un intento esperanzado de tener algo interesante que hacer después de graduarme. Cuando recibí la carta dándome la bienvenida a la carrera, decidí asistir, quizá en un esfuerzo por posponer la confrontación por venir de la realidad fuera de la universidad. Seguía contento con mi trabajo en el restaurante, pues con el pasar del tiempo me habían ascendido al puesto de cantinero y mesero. Las propinas eran suficientes para cubrir mis gastos, y estaba comenzando a interesarme por ciertos autores latinoamericanos.

Huelga decir que antes de inscribirme en el programa de maestría, mi contacto con la tradición literaria latinoamericana era, básicamente, inexistente. Crecí en una casa en la que el único libro que había era una Biblia polvorienta que nadie leía y que estaba guardada —como un adorno sagrado— dentro de una vitrina bien iluminada y con los vidrios limpísimos.

El material de lectura de mi familia consistía en copiosas dotaciones semanales de cómics. Así, jamás adquirí el hábito de la lectura. Y, como no pude llegar a la prepa, me fue imposible adquirir el hábito por mí mismo.

Los dos años de la maestría pasaron rápidamente y hacia el final del programa todavía tenía la sensación de no haber tenido el tiempo suficiente para familiarizarme con toda la tradición literaria latinoamericana. Como ya tenía más de treinta y un años entonces, también sentí que era hora de tomar más en serio mi futuro. Pensé que era momento de cambiar de estrategia y transferir mis habilidades a un trabajo más útil que servir mesas. Porque, si he de ser sincero, hasta ese momento los libros de filosofía y literatura que había leído en la universidad solo me habían revuelto la cabeza. Me habían metido en problemas, tanto conmigo mismo como con los que me rodeaban. Yo había creído de verdad en la idea de Baltasar Gracián de que solo la cultura puede redimir la naturaleza bestial del hombre. Pero en mi caso, mi recién adquirida comprensión de la cultura no me había servido de mucho.

:::

Más o menos un año después de graduarme de la maestría, entró en vigor una ley que hacía posible que los inmigrantes indocumentados pudieran asistir a las universidades públicas en Illinois pagando las mismas colegiaturas que se les cargan a los residentes del estado. Comparadas con las exorbitantes cifras que los estudiantes indocumentados habían tenido que pagar antes, esta ley representaba un gran alivio. Antes, la colegiatura que se les cobraba a los estudiantes indocumentados era la misma que se cobraba a los estudiantes extranjeros. La diferencia era, por supuesto, que los estudiantes indocumentados no tenían padres ricos en el extranjero que pagaran las cuotas.

A lo largo de los tres años que siguieron a mi graduación como estudiante de Filosofía, me había encontrado frecuentemente con mis antiguos compañeros de clase y había conversado con ellos. Me di cuenta de que ninguno de ellos se había graduado de la universidad como filósofo. Una licenciatura en Filosofía, me di cuenta, era solo un escalón para entrenarse en los rigores del pensamiento lógico, para elaborar argumentos sólidos y reconocer las falacias. Muchos de mis antiguos compañeros de clases habían escogido cursos en Filosofía como una forma de preparación para la Medicina o el Derecho.

Poco a poco me fui dando cuenta de la tontería que había hecho al cursar la maestría en Literatura. Así, cuando leí en el periódico la noticia de la nueva ley para inmigrantes, sentí que una nueva y gran oportunidad se desplegaba en el horizonte.

Yo sueño

La conclusión a la que llegué fue que, si de verdad quería hacer algo con mi vida, debía estudiar una carrera rentable. Pero mi ambición era aún mayor: anhelaba convertirme en la historia de éxito americano quintaesenciada: el inmigrante que llegó de la nada y alcanzó la cima a pesar de todos los obstáculos. Bajo cualquier óptica, yo ya había logrado muchas cosas: había estudiado el ESL y conseguido el GED poco después de dos años de haber llegado a Chicago; eventualmente había logrado cursar la licenciatura y un posgrado. Esto era mucho más de lo que jamás imaginé. Y no estaba satisfecho todavía, sentía un impulso, una ambición, el deseo de seguir subiendo por la escalera del éxito. Excepto que esta vez *sí* había aprendido la lección: ya no permitiría que mis ideas se interpusieran ante la ganancia concreta. Esta vez mi meta era clara: estudiaría Derecho.

La ley estatal para estudiantes indocumentados en Illinois entró en vigor, y, un año después, ya estaba yo envuelto en el proceso de solicitar el ingreso. Había investigado cuáles eran las universidades públicas a las que podía asistir y, como estaba al tanto de los costos, había ahorrado lo suficiente para cubrir mis gastos del primer año de la carrera. También me había inscrito en un curso preparatorio para el examen de admisión, o LSAT, y dediqué horas y fines de semana enteros a estudiar los libros y hacer ejercicios en línea. Más importante aún: hice lo posible por asegurarme de que si pasaba la prueba de admisión y hacía todo bien, sería formalmente aceptado. Envié un correo electrónico al coordinador de admisiones explicando mi situación. La secretaria fue amable y me ayudó mucho. Me dijo que sí, que era un hecho que la nueva ley de colegiaturas se aplicaba también a la carrera de Derecho. No debería tener problema alguno en hacer la solicitud de ingreso y ser aceptado.

Todo parecía estar marchando sobre ruedas y la fecha de hacer el examen de admisión se acercaba. Pasaron semanas y meses y yo esperaba el día del examen con una mezcla de emoción y optimismo. Las lecciones en el salón y las estrategias de estudio tenían mucho sentido y mis tiempos y calificaciones mejoraban. Pero entonces un trámite inesperado se me atravesó. Era un requisito que todos los solicitantes que harían el examen de admisión presentaran una identificación oficial y su número de seguro social, además de que se les debía tomar una foto. La compañía a cargo de hacer este examen almacenaría esa información de forma permanente en su base de datos. Pero, ¿qué pasaría, me pregunté, si no solo guardaran la información sino además decidieran hacer una verificación de antecedentes? ¿Qué pasaría si me descubrieran tratando de usar un número de seguro social falso para hacer un examen en una disciplina cuya naturaleza, esencialmente, me excluía?

Entonces me di cuenta de que mi proyecto tenía una naturaleza altamente paradójica. Así como varios años antes, de nuevo estaba tratando de ingresar en un espacio cuya regla principal era mi exclusión. Mi cruce clandestino de la frontera me había llevado de forma segura a las puertas de la solvencia económica y al camino de la satisfacción personal. Pero mi movilidad estaba limitada. La libertad que había hallado era meramente una ilusión. Parafraseando una canción popular mexicana, mi situación era y es una "jaula de oro" en la que mi vuelo era solo un prolongado sueño. Si hubiera logrado la admisión en la escuela de Derecho, me habría convertido en un prisionero dedicado a estudiar las pulidas paredes de su cárcel. La Rueda de la Fortuna de Boecio seguía dando vueltas en sus eternos ciclos, y yo estaba atrapado en ellos. Me había subido a la rueda en el primer día de mi educación universitaria. Cuando comencé mi preparación para entrar en la escuela de Derecho alcancé la cima de mi ciclo y, ahora, el natural descenso había comenzado.

Con el consuelo de haberme ahorrado años de humillaciones silenciosas, me salí del sitio de internet del examen de admisión. Tomé mis libros y los puse en un estante del librero. Y con este acto, mi sueño de conquistar las cimas del éxito y mi anhelo secreto de hablar con elocuencia en las cortes murieron por la paz.

CUATRO
EL CANTO DE LAS CIGARRAS

Si le preguntáramos a cualquier conductor indocumentado, en un día de trabajo cualquiera, qué es lo que más teme, lo más probable es que responda que le da miedo que lo detengan. Después del trabajo, la sombra de la ilegalidad se desliza fuera de las fábricas y las cocinas y cabalga por las carreteras.

Yo, no obstante, me libré de ese riesgo durante un buen número de años.

En capítulos anteriores escribí que, algunos meses después de mi llegada a Chicago, me colé en los oscuros tejemanejes de la Secretaría de Estado. Una licencia para conducir y una identificación legales fueron la primera compra importante en mi vida estadounidense. Me costaron lo ganado en casi dos meses de trabajo. Pero me importó poco. Era una inversión a largo plazo que comenzó a rendir dividendos y pagarse sola casi inmediatamente.

Las luces de la torreta de la patrulla relampaguean en mi espejo retrovisor. Me orillo. Este es mi primer contacto con un policía estadounidense desde que he comenzado mi libre merodear en este limbo de semilegalidad. Apenas he conseguido mi licencia de manejo. Toco mi bolsillo derecho y siento mi cartera. Su contenido me proporciona una gran confianza en mí mismo. Una sensación que bordea la impunidad. Durante meses mi cartera ha estado (y seguirá estando) casi vacía. La mayor parte de mi sueldo se va en pagar mi cruce, mis identificaciones y un coche viejo que le compré a un pariente por cuatrocientos dólares. No he podido ahorrar nada de dinero, pero mi más reciente inversión está a punto de dar sus primeros dividendos.

En tan solo un momento me inclinaré, tomaré mi licencia de conducir y se la entregaré al oficial de policía. En ese momento habré echado a andar el engranaje torcido de la Secretaría de Estado. El círculo del soborno se habrá cerrado sobre sí mismo. Por ahora, me quedo sentado en silencio, esperando al oficial. Lo recibo con una amplia sonrisa.

Nunca antes me he sentido tan tranquilo ante la ley.

Mi licencia y el registro coinciden. Ya sé por qué el oficial Grand me detuvo y tengo planes para arreglarlo el fin de semana. Como apenas he comenzado a asistir a las clases de ESL (inglés como segunda lengua), "la direccional del coche" es un término que aún ignoro en inglés. Así que cuando me pregunta si sé por qué me detuvo, le respondo: "Lles, da dairectionals no guork".

El oficial Grand sonríe. Me dice amablemente: *I'm sorry?*

Emocionado por la oportunidad de continuar con mi práctica del inglés, repito lo que le dije, asintiendo con seguridad: "Lles, lles, da dairectionals, estop of guork".

Parece confundido y niega suavemente con la cabeza. Me hace el gesto de que debo repetir lo dicho. Con voz más baja y dudosa digo: "Mai dairectionals…"

El oficial Grand no puede comprender mi habla desordenada. Comienza a sentirse frustrado. Me repito de otras maneras que me parecen apropiadas. Su cara se empieza a transformar. Se pone, obviamente, exasperado. Se ve irritado. Tensa el cuerpo.

Ahora me doy cuenta de que me debo callar. Mi fútil intento lo ha molestado. El oficial Grand frunce el ceño. Me pregunta: *Do you even speak English?*

Es un viernes por la mañana y puedo irme sin la multa. Me deja ir con solo una advertencia verbal. Me siento humillado. Tengo la cara caliente. Me miro en el espejo: estoy rojo de vergüenza.

Poco después llego a mi clase de ESL, y me rehúso a hablar inglés durante todo el día.

El idioma de la posibilidad

Aprender inglés ha sido el gran reto de mi vida adulta. Como soy inmigrante indocumentado, mi estatus irregular debería ser mi preocupación principal. Y es, de hecho, un peso muy oneroso. Si de mí dependiera, yo habría disipado ya desde hace mucho la negra nube que se cierne sobre mí. Pero no hay nada a lo que el hombre no se pueda acostumbrar con el paso del tiempo, y el horizonte gris de la ilegalidad no es la excepción. He aprendido a mantenerlo a raya por medio de la mentira, el ocultamiento, fingiendo que no existe y, finalmente, desapareciendo por los penumbrosos corredores de la clandestinidad.

Pero mi incapacidad para comunicarme de forma adecuada, clara y eficaz no puede ocultarse. Esta lengua que flaquea, esta sucesión de palabras mal pronunciadas, esto es lo que me ocupa continuamente. Lo que me interesa, minuto a minuto, no es lo que puedo ocultar, sino cómo me presento ante los demás.

Con frecuencia envidio la habilidad de otras personas para sortear los remolinos de la vida cotidiana, no importa qué tan turbulentos sean. Es en esos momentos en los que me doy cuenta de cuánto me beneficiaría una mejor soltura en el inglés. Disminuiría la vergüenza que me provoca mi incapacidad para comunicarme bien. Alejaría la atención indeseable. Me aliviaría de esta sensación desconcertante de no tener hogar.

Voy caminando por las calles del centro de Chicago. Tengo el paso seguro de un hombre de clase media. Un tipo desharrapado, como de mi edad, se me acerca. Me pide un dólar. Con un lenguaje ágil, me explica las razones que tiene para hacer dicha solicitud. Desconfío de él. Tanta jovialidad, tanta energía, ese ser tan acá, el melodrama, la fuerza evidente en sus cuatro miembros intactos. Hay algo perverso en su petición de caridad. Pero su habla es colorida y alegre, persuasiva y pegajosa. La forma en la que se expresa lo hace creíble y confiable. Su lenguaje hablado es pura genialidad.

Cuando se va, me quedo envidiando la inquebrantable confianza que su dialecto urbano le otorga.

Una de las desventajas de aprender un idioma cuando ya se es adulto, es que nuestra lengua se ha vuelto rígida. La maestría en un nuevo idioma requiere que la lengua sea elástica: requiere una lengua reactiva y vivaz. Y la mía, ahora, se ha vuelto robótica y lánguida. Cuando comencé a estudiar inglés, a los veinte años de edad, mis hábitos vocales ya estaban formados. El nuevo prospecto era emocionante, pero para una lengua acostumbrada al flujo y reflujo de otras profundidades, los giros y remolinos de un nuevo idioma eran, y son, retos difíciles de remontar.

En mi nuevo idioma la lengua se me traba. Emito sonidos rechinantes. No importa qué tanto ame el idioma inglés, sus sonidos guturales, sus zumbidos, la mordida del labio inferior, la vibración de la lengua, la riqueza oral que se vierte como miel de las bocas de otros: todo eso está más allá de mis habilidades lingüísticas. Y el hecho de que pueda quejarme por escrito no me trae consuelo alguno.

:::

Antes de venir a Estados Unidos, el idioma nunca había sido un problema para mí.

Muy al contrario, el crecer pobre y agreste en México fue lo opuesto a ser silenciado. El fantasioso coloquialismo de mi idioma natal sirve para expresar las frustraciones, la vulnerabilidad de las personas de una extracción social similar a la mía. Pero siempre en tono lúdico. Ese es el genio auténtico del español mexicano, el español de mi infancia: siempre pudo encontrar gracia en la pobreza, una forma de transformar la opresión económica en un asunto jocoso.

El enorme éxito del gigante de la televisión mexicana, Televisa —ese fantástico reino de la imaginación— se logró al convertir la miseria económica en oro. Televisa diseccionó la tragedia del mexicano pobre y se la devolvió en forma de romance y parodia. Fue en esta relación simbiótica en la que me nutrí. El ingenio que aprendí en la infancia fue cocinado y sazonado a la perfección en los calderos de San Ángel y Churubusco, donde están ubicados los estudios de Televisa.

Pero era solo en la vida real donde este ingenio se elevaba a la altura que le corresponde. Durante mi infancia creí que la irreverencia y desobediencia de los antihéroes de la televisión carecían de fuerza. Su ingenio resonaba y rebotaba en las paredes de las casas mexicanas, pero la astucia de los personajes de Chespirito apenas tenía comparación con la gracia de algunas de las personas que yo conocía. Ellos eran mis vecinos, mis compañeros de escuela, mis parientes, cuyas vidas se desplegaban en el escenario de las calles de mi barrio.

Su arte consistía en confundir y ser mucho más rápidos que los oponentes. Primero tejían una oscura telaraña alrededor de sus víctimas y luego las atacaban. Conocido como *albur*, el juego es una intrincada fusión de insulto y broma, que tiene como intención ostentar la perspicacia. Este era el elemento dominante del idioma de mi juventud; una idiosincrasia de la lengua mexicana que tiene su propio encanto y belleza. Es el reto que se le plantea al otro para confundirlo, para ser más listo, para obtener una sensación de éxito, sensación lograda cuando se mira su expresión de desconcierto y ver cómo se esfuerza por desenredar la malla que se acaba de tejer a su alrededor. Construir una reputación de alburero atrevido y notable era el honor más alto al que se podía aspirar en el barrio pobre en el que crecí. Y, aunque careciera de todo lo demás, el idioma de mi juventud me ofrecía siempre esa posibilidad.

Pero yo nunca fui un alburero distinguido. Mi relación con el idioma nunca alcanzó esas alturas donde la imaginación se eleva y despliega las alas con soberana libertad. Me limité a escuchar y evitar ser arrastrado a confrontaciones albureras de las que solo saldría avergonzado. Aun así, los códigos oscuros del lenguaje coloquial mexicano no me eran desconocidos. Desarrollé tal intimidad con ellos, que me servían bien cuando deseaba expresar mi resentimiento, mi reprobación y mi rechazo a la autoridad en particular y a la sociedad en general.

Como un joven adulto sin posibilidades de encontrar acceso a la educación superior, apenas si tenía necesidad de expresarme de otra manera. Así que, cuando se presentó la oportunidad, me lancé camino al norte con poco más que una lengua irreverente y una deuda de dos mil dólares por mi cruce al otro lado.

: : :

Al llegar a Estados Unidos fui inmediatamente seducido por lo que parecía una riqueza ilimitada. La forma serpentina de las carreteras. Los enormes y verdes jardines suburbanos. Los relucientes centros comerciales. Los rascacielos. El entusiasmo y productividad de la gente.

Aquí, las cosas hablaban un idioma diferente. El idioma de la posibilidad. Ahora me encontraba en la tierra de la abundancia, donde los logros estaban a mi alcance. El contraste de lo que me rodeaba con el lugar de donde yo venía era tal que, parafraseando a Arthur Schopenhauer, este mundo nuevo tenía la traza de una idea. Y, apartado de él como estaba por la barrera del idioma, siguió siendo una abstracción hasta que, por medio de un deliberado acto de voluntad, decidí volverlo parte de mi realidad concreta.

Quizá por mi cercanía con la riqueza, el contraste que percibí entre el Chicago donde vivía y el mundo que nos rodeaba me resultó sorprendente. En las casas de mis parientes, los ecos de pobreza, resignación y apatía, tan familiares allá en México, parecían amplificados. Era como si México entero se hubiera multiplicado y aterrizado ahí, en la mesa de la cocina, en la sala, en el sótano oloroso a moho donde yo dormía. México se colaba por la radio, por la televisión. Nos hablaba en nuestra lengua materna, llena de consuelo. Y, cuando más necesitábamos estar despiertos y alertas, su tierna voz nos arrullaba y nos adormecía.

Así, me encontré transportado a un país distinto, pero sin verdaderamente habitar en él, sin participar en su vida. Era como si nunca hubiera dejado México. Era como si, en lugar de abandonarlo, hubiera viajado más profundamente a su interior.

Como yo dependía completamente de mis parientes, quienes no tenían interés alguno en la vida estadounidense, me encontré aislado, atrapado, apático. A quien sea que se le haya ocurrido llamar a los forasteros con el mote de "extranjero residente", sabía perfectamente lo que estaba haciendo. Una *greencard* puede avalar el estatus legal, pero no borra el estigma de la alienación. No garantiza la integración social.

Como me faltaban la legalidad y por lo tanto la seguridad que traería consigo, así como el beneficio de la integración, me invadió un profundo sentimiento de malestar. Solo unas semanas antes, arrastrándome debajo de una pared de acero oxidada y alta, había cruzado la frontera y me había colado en la clandestinidad. Pero ahora, el reto al que me enfrentaba era de una naturaleza distinta. Ya dentro de las murallas del imperio, era libre de caminar bajo la luz del sol. Pero como Droctulft, el bárbaro, yo iba por mi nuevo hogar sin comprender una palabra, sin poder descifrar sus símbolos, encandilado por su presencia reluciente, por su compleja y brillante verticalidad.

En cuanto crucé la frontera, me di cuenta de que la tierra encontrada me excluía. Y, como la espada llameante de las Escrituras, el idioma del lugar era lo que me impedía la entrada.

Yanko Goorall

Sin un buen dominio del inglés, yo era solo un bulto de carne y huesos al que le faltaba el aliento de la vida. Existía solo a medias. El efecto que yo tenía en los demás no era más profundo que el de un mueble, un semáforo o la banca de un parque. No tenía voz en mi nuevo hogar; era, más bien, como si aún no hubiera nacido.

Así, gracias a una poderosa necesidad de existir, me di cuenta, de una manera muy cartesiana, de que primero debía hablar, y solo entonces podría ser.

En sus disquisiciones sobre el origen del lenguaje, Charles Darwin concluyó que los primeros humanos lo usaron para cortejar a las hembras, seduciéndolas con fines reproductivos. Si ese era el caso, yo estaba más que dispuesto a cortejar el idioma inglés, a decirle ternezas y bailar a su alrededor hasta que pudiera poseerlo. Mi nuevo idioma, concluí, me guiaría fuera de la oscuridad. Sería una antorcha que me iluminaría hasta dejar las sombras del anonimato y llegar a la luz del día.

Me tomó más o menos dos años terminar los cursos de ESL en el South Suburban College. Pero, incluso cuando lo practicaba dentro del marco de las actividades escolares, apenas si tenía ocasión de ejercitar mi inglés hablado. La mayoría de mis compañeros de clase eran hablantes de español y, como ninguno de nosotros tenía la confianza o estaba lo suficientemente avanzado en nuestro nuevo idioma, de forma inevitable volvíamos a nuestra lengua natal en cuanto podíamos.

La situación en la casa y el trabajo era aún menos propicia para el ejercicio de mi nuevo idioma. Rodeado por mexicanos en ambos lugares, rápidamente me convertí en el objeto predilecto de sus burlas. En su opinión, mi cometido era del todo inútil. Todo el inglés que me hacía falta era el que me ayudaría a remontar el día a día. Si decidía aprenderlo, entonces sería mejor hacerlo de forma pragmática. Tratar de aprenderlo bien era una pérdida de tiempo. Todos habíamos venido acá a trabajar, y yo debería estar agradecido y tomar la oportunidad de hacerlo más en serio.

Lo ejemplos abundaban. Algunos de mis primos y de mis compañeros de trabajo ya estaban casados. Otros ya tenían hijos. Entre ellos, unos pocos ya habían comprado sus casas.

Prosperidad. El consejo no pedido seguía llegando. Debería estar buscando un segundo empleo en otro restaurante, como mis compañeros en la cocina donde trabajaba. O, me insistían mis parientes, debía regresar a la fábrica y tratar de recobrar ese "gran empleo" que tuve la suerte de hallar poco después de mi llegada a Chicago, y que tan abruptamente abandoné para iniciar mis clases de ESL.

Estaban todos enfocados en asuntos de familia y de trabajo, y sus comentarios siempre tuvieron las mejores intenciones. En sus mentes, el que yo quisiera estudiar inglés de forma seria no era más que una excentricidad y una decisión irresponsable, nada más que una empresa quijotesca. Mi perseverancia denotaba gran irresponsabilidad, inmadurez y desprecio por las cosas realmente importantes de la vida. Yo debía concentrarme en mis necesidades más concretas. Tenía una familia en México que necesitaba toda la ayuda que pudiera ofrecerle, cada centavo que pudiera reunir lavando trastes, podando el pasto en jardines, o en la línea de producción. Además, y no tardaban en recordármelo, todavía debía la mayor parte del dinero del autobús de Guadalajara a Tijuana, las comidas, las llamadas telefónicas, el hotel, el coyote que me pasó, el boleto de avión de Los Ángeles a Chicago.

Estas eran algunas de sus ideas más sinceras. En su opinión, mi propósito era un lujo que estaba fuera del alcance de un inmigrante de clase obrera. Yo también dudaba si estudiar inglés era la decisión más sabia. ¿No sería mejor que dejara de tratar de ser un sabelotodo? ¿No era un sinsentido el tratar de lograr una meta para la que estaba condenado a fracasar desde el principio? ¿No era absurdo de mi parte el tratar de despertar mi empolvado cerebro para mejorar la situación en la que vivía? ¿No era lo mejor usar toda la fuerza de mi joven musculatura? ¿Quién me estaba creyendo yo que era para romper con el rol tradicional del inmigrante mexicano? ¿No sería que me estaba haciendo tonto? ¿Acaso era esto solo un espectáculo? ¿Acaso no estaba cayendo en el vicio mexicano endémico, el de las apariencias? ¿A quién estaba yo tratando de impresionar y por qué? Después de todo, ¿no era todo esto una inútil carrera tras el viento?

El no tener una respuesta definitiva para estas preguntas me provocó una gran ansiedad. Cuando me ponía a considerar estas preocupaciones, se convertían en un filo que cortaba los lazos que me unían a quienes me habían recibido en su hogar en momentos de gran necesidad.

Y así, mis primeros años en Estados Unidos fueron una lucha constante, no solo con el idioma que yo deseaba aprender, sino también con todo lo que me rodeaba. Con todo mi pasado.

A fin de cuentas, creo que mis parientes tenían razón. Casi diecisiete años después, todavía no domino completamente el inglés hablado. Mis conversaciones con los hablantes nativos inmediatamente revelan mis carencias, mis errores, mi distorsión de su idioma. En sus caras perplejas y sus ceños fruncidos puedo ver, todavía, la imagen del oficial Grand. Me doy cuenta de mis faltas de dicción cuando se inclinan para escucharme mejor.

Como el personaje en el cuento de Joseph Conrad, cuando hablo inglés, hasta las palabras de uso más común adquieren una entonación peculiar, como si fueran palabras de un idioma extraterrestre.

De esta manera, entre la ambigüedad y los reproches acerca de mi decisión de aprender bien inglés, solo una cosa quedó bien clara: me había convertido en un problema para mí mismo.

Español mocho

La televisión está encendida. Ya han pasado muchos años y Michelle Obama está dando su memorable discurso en la Convención Nacional Demócrata. Su discurso es emotivo, sobre todo porque pinta un tierno retrato de su padre, un hombre de clase obrera. Tanto su padre como el mío tienen eso en común, y es algo que me conmueve profundamente. Siento una conexión subterránea, un lazo común con la futura primera dama. Mientras habla de la enfermedad de su padre y, cómo, a pesar de que su salud iba en declive, siguió trabajando con ahínco para la ciudad de Chicago, su discurso alcanza su clímax emotivo. La cámara recorre la multitud y descubro a otras personas llorando y sollozando también.

Tomo un sorbo de vino, este consuelo. Como voy en el tercer vaso de la noche de este lunes, es fácil para mí culpar de mi sensibilidad a la botella que tengo a la izquierda. Pienso en la historia que acabo de escuchar y recuerdo algunas historias con las que crecí: eran historias mucho más impactantes que ésta. Incluso si no son nada más, las vidas de la gente de clase obrera son ricas en drama y tragedia.

Si no es su historia *per se*, ¿qué es entonces lo que me conmueve? Michelle Obama sigue con su discurso, enunciando cada palabra a la perfección, alzando el tono de la voz para crear más impacto, abriendo una pausa de un segundo o dos después de pronunciar una frase contundente, contemplando un punto en el horizonte, sobre las cabezas de la multitud, asintiendo levemente, como si aprobara el trabajo, los actos de su padre muerto, para luego retomar el discurso. ¡Qué destreza!

Es el hechizo inherente de la naturaleza de su discurso —la mezcla perfecta de elocuencia y sabiduría que Cicerón alaba—, lo que me hipnotiza. Eso, el vino, los recuerdos de un padre que nunca conocí, y el contenido político del discurso que acabo de escuchar.

:::

Gradualmente he ido perdiendo destreza en el lenguaje hablado y fluido. Al tratar de aprender inglés a profundidad, mi esperanza era ser completamente funcional en las dos comunidades lingüísticas. Pero, con el tiempo, una fisura se abrió y comenzó a alejarme, no solo de quienes me rodeaban, sino de mí mismo. Cada vez me daba más cuenta de la soledad y el aislamiento. La persona que era al dejar mi tierra natal comenzó a transformarse en un extraño.

Estoy con mi mamá en el teléfono. Suena confundida. Me pide que haga una pausa y que le explique de nuevo. "A ver, dímelo otra vez, hijo". De nuevo. Para mis hermanos menores esto es muy curioso. Me hacen bromas. Están seguros de que mi español vacilante es inversamente proporcional a mi soltura en inglés. Me piden que les diga palabras en inglés. Los complazco. ¡Órale! ¡A ellos les gustaría hablar inglés así también!

Cuelgo el teléfono, bajo las escaleras, salgo a la tienda de la esquina y le pregunto al cajero dónde está cierto tipo de pasta de dientes. Me sonríe afablemente. Inclina la cara y me pregunta: *Sorry. Say that again?*

Con los años, el lenguaje hablado coherente se ha vuelto cada vez más ajeno a mí. Como soy callado por naturaleza, ahora cada vez que tengo oportunidad de hablar, apenas soy capaz de soltar cortas secuencias de pensamientos vagamente relacionados entre sí. Oraciones recortadas, construidas con palabras mal escogidas y mal pronunciadas. Puede que yo jamás haya sido de los albureros más audaces de la Guadalajara de mi juventud, pero al menos entonces yo sabía dónde estaba parado y el suelo me parecía firme y familiar. Durante mi juventud jamás sentí ambivalencia ante el uso del lenguaje. Yo hablaba el español mexicano de las masas, el español mexicano de la clase obrera, el español de mi familia. Y aunque entonces yo lo ignoraba, esto me proveía con una sensación de sosiego y comodidad. Yo pertenecía a una comunidad cuyo idioma era tan diáfano como los cielos que la amparaban.

No fue hasta que me aventuré en el estudio del inglés que mi español comenzó a sufrir. Su magia comenzó a decaer. Mi habilidad para hablarlo comenzó a declinar lenta e inexorablemente. Lo que alguna vez fue una parte ágil de mi ser, comenzó a perder vapor. Conforme mi contacto con la patria se volvía más y más esporádico, conforme la grieta que me separaba de mis parientes en Chicago se hacía más amplia, mi soledad también crecía; mi lengua materna hablada se marchitó de forma prematura y melancólica. Había sido trasplantada a una tierra extraña y ahora se había convertido en una cosa moribunda. Una cosa que se esforzaba por sobrevivir. Como las tristes hojas del otoño, fragmentos de mi lengua materna se habían ido desprendiendo de mí en los ciclos de mi vida lejos de casa. En un proceso paralelo al mío, mi lenguaje hablado perdió su espíritu juvenil. En el curso de unos años, pasó de ser un lenguaje colorido, vibrante y sólido, a ser solamente restos, un rudimentario instrumento de comunicación. Sus ruinas. El triste recordatorio de tiempos mejores.

Durante un largo periodo me las arreglé para no hacer caso de mis problemas con mi español hablado. La solución, en su mayor parte, fue ignorar el problema. Pero poco a poco se hizo evidente: era incapaz de convertir el pensamiento en palabra hablada. Lentamente, con cada porción de inglés que adquiría, comencé a perder la capacidad de articular pensamientos complejos en mi lengua materna. Hablaba en términos sencillos, pero la destreza fundamental de la conversación minuciosa se había escapado de mi cerebro.

Cuando estaba con otros, los escuchaba explicar cosas. Platicaban de cuestiones simples o complicadas, llenando sus disquisiciones de color, detalles, expresiones coloquiales que, en algún momento, me habían sido familiares, pero que ahora me resultaban extrañas y novedosas. Y me parecía que hablar como ellos, con confianza y soltura, era la cosa más natural del mundo. Algo maravilloso. Algo que requería tan poco esfuerzo que se podía hacer sin pensar. Su habla fluía de forma tan espontánea y era tan vibrante, que me entristecía.

La riqueza de la lengua coloquial mexicana había sido el aspecto de mi cultura del que realmente estaba orgulloso al crecer, y ahora yo la escuchaba como un extranjero escucha un idioma ajeno. Los lazos que me unían a mi pasado se habían ido soltando gradualmente, desasiéndome, deteriorándose lentamente hasta el punto en el que me avergonzaba mi falta de articulación, de dicción, mi incapacidad para sostener conversaciones largas.

Convertido en un minusválido lingüístico, me volví aún más callado. Asumí una disposición sombría. Algunos parientes que todavía visitaba pensaron que mi ilegalidad había comenzado a afligirme. Pensaron que todos esos años lejos de mi familia estaban, finalmente, pesando sobre mí, y que mi larga separación de ellos era lo que causaba mi silencio, este silencio que me ahogaba. Se preocupaban. Me veían beber en silencio durante las reuniones familiares y sentían temor de que terminara como uno de esos hombres que pululan por los callejones: un inmigrante mexicano que, en lugar de sueños, había logrado la satisfacción en un agradable y permanente estado de ebriedad.

No era que yo no deseara hablar. Simplemente ya no tenía la confianza para hacerlo. Con mucha más frecuencia que la que deseaba admitir, me encontré sin la facilidad para emitir una respuesta coherente a una situación que me entusiasmaba. Me descubría gesticulando más de lo acostumbrado, asintiendo, expresando mi aprobación completa con expresiones como "¡Órale!" y "¡No, pos tá chingón!" O, cuando sentía rechazo por la situación de la que se trataba y se requería una respuesta honesta, simplemente dejaba caer la cabeza hacia atrás y levemente a la izquierda, abriendo exageradamente la boca y farfullando expresiones como "¡Chale!", y "¡Que no se pasen de lanzas!" con lo cual agotaba los límites de mi elocuencia.

Durante mis ensueños acerca de mi nuevo idioma, había imaginado el choque de dos lenguas, cada una blandiendo sus armas. Pero jamás chocaron, nunca se acercaron siquiera. Más bien se alejaron una de la otra con indiferencia, dejándome ahí, tartamudeando. Sin un pie firme en ninguno de estos dos idiomas, el más esencial de los vínculos humanos fue cortado, dejándome como un huérfano. La prueba viviente de aquello que William Gass afirma: que el idioma de los pobres es tan miserable como sus vidas.

Si es verdad, como escribe Jean-Paul Sartre, que el lenguaje que hablamos es el reflejo de nuestro mundo, entonces el mío era un mundo borroso y torcido, pues las imágenes que se reflejaban en él eran nebulosas y distorsionadas. Sin darme cuenta, durante años, me había ido deslizando por las pendientes de un limbo lingüístico que no había podido prever.

La lengua que me humilla

Cuando emprendí mi peregrinación al norte en busca de prosperidad, nunca me pasó por la cabeza que aprender un nuevo idioma llegaría a ser un reto de tal magnitud, un obstáculo altísimo que remontar, una fuerza poderosa a la que me enfrentaría. Los primeros años de aprendizaje fueron especialmente difíciles, pues me confrontaron conmigo mismo y me revelaron mi falta de preparación, mis numerosas limitaciones. Mi mente estaba aturdida, y me encontré vagando por un brumoso limbo, sin encontrar consuelo ni en el español ni en el inglés. Pero después de un prolongado periodo de desorientación, la niebla se comenzó a disipar y encontré un camino para salir de esa otra cueva.

Ese despertar se lo debo a la lectura. Una actividad sin precedentes en mi vida, el aparentemente inocuo acto de leer me sacudió con la violencia de un terremoto. El leer me perturbó el cerebro. Hizo que mi mundo se pusiera de cabeza. Estoy endeudado, en especial, con un puñado de libros con los que me encontré al entrar a la universidad. Y aun cuando no puedo afirmar que los entendí a cabalidad en ese momento, las narraciones que contenían liberaron mi capacidad para soñar, que tanto tiempo estuvo dormitando. Estaba abandonando una etapa de mi vida y comenzando otra. Mientras continuaba mis estudios del inglés, comencé a desarrollar el hábito de la lectura. Fue un proceso más lento, pero paralelo, y al mejorar mi comprensión de mi nuevo idioma, mi pasión por la lectura se fue volviendo más intensa. Fue una actividad que llegó a calmar las convulsiones internas que padecí por tantos años.

Leí filosofía. *Los discursos* de Epicteto y su abnegación y resistencia inherentes me sedujeron de inmediato, pues parecían responder a mi situación de entonces. Pero esa filosofía me parecía tan distante que no podía aplicarla a las circunstancias que me rodeaban. O eso pensaba hasta que leí la narrativa de Frederick Douglass. Entonces comprendí que el pensamiento de Epicteto no había muerto. Sus virtudes no eran una curiosa reliquia, no eran un pergamino de museo. Eran algo vivo y que me concernía más de lo que había podido imaginar. Douglass encarnaba las virtudes del estoicismo, y al mismo tiempo —y con una fuerza espiritual particularmente estadounidense— negaba su fatalismo. A través del laborioso esfuerzo de aprender a leer y escribir por su propia cuenta, Douglass comprendió la naturaleza redentora del lenguaje y esto le permitió descifrar el sistema que lo mantenía esclavizado. En su mensaje, yo escuchaba tenuemente el llamado del profeta. Pero fue suficiente con este susurro para que mi alma confusa rompiera con aquello que yo consideraba mi propia esclavitud. Sartre tenía razón: la literatura te arroja a la batalla, y la que yo libraba era por mi propia redención.

Todo aquello que había perdido de forma externa a lo largo de los años comenzó a compensarse de forma interna. Me di cuenta de que el lenguaje servía para diferentes propósitos y que viajaba por conductos distintos. El orgullo herido de mi inhabilidad para comunicarme con los otros comenzó a sanar en el momento en el que comencé a escucharme a mí mismo con más atención.

Aunque seguía atado a los trastes que debía lavar en el restaurante donde trabajaba, algo en mí se había liberado. Era libre del vapor quemante, libre de las ollas y sartenes que se apilaban a mi alrededor, libre de mi labor manual, libre de las presiones, de los cocineros que me gritaban:

—¡Más platos, en chinga, cabrón!

Algo parecido sucedió cuando descubrí los textos sagrados de las escrituras ancestrales de la India. Pero esos misteriosos libros también necesitaban una versión estadounidense más contemporánea. Fue Henry David Thoreau quien, recostado calladamente cerca de su estanque, interpretó para mí los exquisitos secretos de ese remoto universo.

Puede que en ese momento yo ocupara el escalón más bajo de la jerarquía de los empleados en el restaurante donde entonces trabajaba, y puede que yo estuviera relegado a la parte trasera de la cocina, pero dentro de mi cabeza yo, lentamente, me estaba convirtiendo en un hombre de mundo. Una semilla cosmopolita estaba comenzando a florecer en mi espíritu. Entonces comencé a desear mi propia voz. El leer los ensayos de Ralph Waldo Emerson me concedió la osadía, la confianza necesaria para creer que este asunto de fregar los trastes se podía transfigurar y adoptar formas poéticas. Soñé que algún día yo podría contar mi propia historia.

::: :

El deseo de contar mi experiencia era tan auténtico como desconcertante. Seguramente me espoleaba el mismo demonio sobre el que escribe George Orwell, el demonio que nadie puede resistir ni comprender. Después de todo, una cosa era la necesidad que yo tenía de contar mi experiencia, pero ¿hacerlo en inglés? Necesitaba contar mi historia, y ¿qué mejor manera de atreverme a disfrutar del amargo placer de escribir que confrontar y luego entregarme por completo a esta lengua que me rechaza y que a diario me humilla y empequeñece?

La decisión también fue práctica. De los dos idiomas en los que me podía expresar solo a medias, el que me ofrecía más libertad en ese momento era el inglés. Eso puede sonar raro. Una exageración. Pero para comprender mi dilema con el lenguaje, habría que tomar en cuenta las circunstancias que me rodeaban.

Mi educación formal en español terminó cuando yo tenía más o menos trece años de edad. Es por eso que cuando aprendí a leer y analizar textos, a escribir y formular pensamientos abstractos, aprendí a hacerlo primero en inglés. Pero esto sucedió hasta que tenía más o menos veintiocho años de edad, cuando ingresé a la universidad. En mis clases de destrezas básicas, aprendí a identificar tonos de voz, a inferir y a comprender tramas. El proceso me absorbió por completo, y el misterio del lenguaje se comenzó a desplegar al momento en el que comencé a construir oraciones complejas, a desarrollar ideas, a reforzar argumentos. Pronto, me encontré escribiendo trabajos enteros, analizando ensayos sobre una historia recién leída, diseccionando sus argumentos, ¡refutando su premisa!

Fue una experiencia profundamente satisfactoria. Me hizo sentir importante. Fue como si yo fuera el único constructor de una torre, un constructor que al mismo tiempo que la construía, subía por ella. Una torre que me ofrecía una vista clara y amplia, pues me alzaba sobre las profundidades de mis circunstancias. Me sacó de ese territorio neblinoso en el que había estado vagando desde que comencé mi incursión en el inglés. Ahora, en lugar de experimentar la sensación de derrota que me había derribado, me sentía impulsado hacia arriba por una auténtica fe en el logro. Estaba estimulado, por decirlo así, por un espíritu renovado. Estaba en camino de convertirme en la persona bilingüe y nueva con la que había soñado tanto tiempo.

Todo esto sucedió durante mis años universitarios, pero solo después de una larga y prolongada inmersión en la lectura fue que comencé a tener una comprensión más sofisticada de mi nuevo idioma. Sin embargo, entre las nuevas y emocionantes destrezas de leer y escribir que estaba adquiriendo y aquellas que aprendí de niño, había una distancia de quince años, una distancia de oscuridad y falta de uso. Un valle oscuro en el que la luz de la palabra escrita había dejado de brillar.

: : :

Ahora, muchos años después, me siento libre para ejercer este nuevo hábito de escribir con la confianza y desenfado de un novato. Mi escritura de aficionado me ha proporcionado el recurso perfecto para revisar mi pasado y transformarlo.

El año pasado leí acerca de un simposio sobre el cruce de las fronteras, ya fueran imaginarias o reales. Un asunto con el que estoy muy familiarizado. Un asunto que he probado a gatas. Este simposio tendría lugar en la UIC, mi alma mater. Algunos meses antes, había escrito un puñado de páginas sobre el tema, así que las envié.

Mi texto fue aceptado y fui invitado a participar. Yo, el más inepto de los hombres cuando se trata de hablar en público; yo, cuyo proceso de habla consiste en una fluctuación ineficaz entre un inglés deficiente y un español que se esfuma poco a poco: ¡yo estaba invitado a leer un texto en un simposio!

La situación era tan irónica, que me sentí ridículo. Una cosa era sentarme y escribir acerca de todo lo que me agobia, y otra era ponerme de pie ante un público y pronunciar un discurso en un idioma en el que me siento inútil.

Consideré la posibilidad de presentar mi texto. Mi historia sería, probablemente, una de las más auténticas en el simposio. No haría falta utilizar esquemas elaborados y proyectores de tecnología de punta para contarla. Tal vez yo no poseía la erudición de los profesores que hablarían y en cuyos números yo no sería más que parte de la estadística. Mi participación estaría basada en la experiencia. Con mi inglés marcado por un fuerte acento mexicano, hablaría de las dificultades para cruzar y las mentiras que han asegurado mi supervivencia después.

Al hablar de la escritura de esas páginas y cómo esa actividad me dio la calma que me hacía falta, les serviría unas cuantas gotas de ese método químico que describió Joseph Addison. Los pondría al tanto de mi intoxicación, de la gran catarsis que escribir esas páginas me había brindado.

Pero al pensarlo y recordar lo notorio de mi acento, concluí que esto distraería al público y les impediría concentrarse en mi historia, así que rechacé la invitación. Y ese fue el final de mi pequeña ensoñación.

La trompeta del mariachi

Ahora, de cuando en cuando, recuerdo la frustración del oficial Grand. La lección que me dio. Desde mi encuentro con él, la forma en la que los otros me escuchan se ha convertido en un asunto muy importante para mí. Tengo un interés especial en mi acento por su preponderancia e impertinencia. Nada más abro la boca y sale disparado, arrogante e impune.

Mi acento tiene vida propia, habita su propia dimensión, es un idioma elevado a la segunda potencia, una varita mágica que otorga encanto o defectos donde no existen. Incita el enojo del arrogante, la curiosidad del amigable, corteja el paternalismo del activista, la burla de la propia familia.

Por esto tengo una gran deuda con el oficial Grand, por haberme hecho sentir tan avergonzado. La mañana que me detuvo, me sentí completamente consciente de ser el otro. Fue el amanecer de mi alienación, el primer vistazo al abismo impasable que me separaba de la comunidad de la que aspiraba a formar parte.

Con frecuencia recuerdo las expresiones de su cara, su rubor, sus mejillas hinchadas, sus ojos llenos de cólera y sus descarados ademanes. Han pasado muchos años y ahora pienso que la forma en la que me trató no fue excepcional. Después de todo, yo no era nada especial para él. Si hubiera sabido de mis capacidades profesionales como lavaplatos, o mi genuino entusiasmo por aprender inglés, quizá no habría tenido nada en contra mía. El sabio Séneca le hubiera aconsejado que resistiera la semilla de la cólera que comenzaba a germinar, pero el oficial Grand estaba demasiado atento al llamado de su instinto y no tenía espacio para reflexiones filosóficas.

No, su rabia no podía tener razones personales. El problema que él tenía era con lo que yo representaba. En su mente, acento y Día del Juicio tenían acepciones similares. Y, como la política, los acentos son asunto local.

Seguro que el oficial Grand llevaba años dándose cuenta de nuestra intrusión. Probablemente nos consideraba, a los mexicanos, como merodeadores, acercándonos centímetro a centímetro a su comunidad, a sus escuelas, a sus iglesias, a sus hospitales, pidiendo atención en nuestro propio idioma, tomando los empleos que, por derecho, les pertenecían a sus vecinos.

En su mente, su comunidad monolingüe estaba sitiada y nuestro encuentro le dio la oportunidad de enfrentarse a uno de los agentes de esa invasión. Esta era su oportunidad de detener el avance del burrito troyano del que habla Richard Rodriguez. Probablemente le hubiera gustado espantarlo. Obligarlo a poner las patas en polvorosa. Felizmente se lo hubiera llevado en su patrulla. Pero todo eso estaba fuera de su poder, de su jurisdicción. Lo que sí podía hacer era darle una lección para que entendiera cuál era su lugar, hacerlo sentir incómodo, no bienvenido, tirar duro de la rienda. Callarlo.

Eso lo complacería. Se había estado preparando para descargar su frustración en alguien, las semillas del racismo y los prejuicios que dormían en estado latente dentro de su corazón florecieron con el rocío fresco de esa mañana de viernes.

O, ¿era solo una horrible cruda, oficial Grand?

En todo caso, la verdad es que, a diferencia de muchos defensores de los derechos de los inmigrantes, el oficial Grand no era paternalista. Quizá no le haya gustado mi acento, pero me obligó a actuar. Aunque su intención era humillarme, ahora lo considero bajo una nueva luz y creo que fue un buen instructor. Sus estándares eran altos, y su petición de que yo hablara correctamente no fue injusta, solo prematura.

Ahora que miro el asunto desde una distancia considerable, me doy cuenta de que su intolerancia implicaba oportunidad. Gracias al oficial Grand, una realidad, que de otra forma hubiera permanecido oculta, se hizo clara y cristalina. Y, al contrario de lo que él deseaba, su actitud fue bondad disfrazada. Sus intenciones eran las de intimidarme, pero el reto me hizo consciente de mis deficiencias al hablar, de los largos pasos que debía tomar, de la enorme distancia que debía recorrer.

A lo largo de los años me he encontrado con otros que, aunque con intenciones distintas, han estado dispuestos a recordarme mi acento. Pero, a diferencia del oficial Grand, han sido entusiastas, condescendientes y paternalistas. Aquello que para el oficial Grand fue repelente, para ellos ha sido fascinante.

Hay muchos más hispanófilos de lo que me imaginaba, y algunos de ellos me consideran un ser exótico. Una palabra, una frase, una plática excita su atención. Muchas veces, se me ha acercado gente que desea practicar su español. Intentan con una o dos palabras. El más atrevido intenta toda una conversación. Se me acercan de las formas más amistosas. Buscan descubrir mi verdadera voz, la voz que se esconde detrás de esta farsa mía, esta distorsión de su idioma. Su idea es que, al interactuar, se descubra y escuche mi verdadero yo. Porque, y de esto están seguros, mi voz auténtica debe ser más dulce, más tersa, más misteriosa que esta lengua prestada con la que me encuentro luchando. Esta lengua que trato de desenredar. La naturaleza de mi voz, piensan, debe ser enigmática. Desean compartirla, poseerla. Se imaginan su membresía en medio de una congregación de flamas danzarinas, una corriente eléctrica que chispea en el cerebro, un impulso secreto que abrasa la punta de la lengua, una combustión repentina que incendia el torrente sanguíneo, la trompeta del mariachi formando ecos, explotando como una tumultuosa fiesta en los ventrículos del corazón.

: : :

Ahora llevo ya diecisiete años aprendiendo inglés. Mi acento ha mejorado. Debido a que ya no lo considero tan prominente como antes, mi miedo al ridículo también ha disminuido. En los últimos cinco o seis años, además, me he esforzado por recobrar la fuerza entera de mi español. Años de trabajo intenso me han convertido en un usuario más seguro del idioma. Ahora leo, escribo y hablo en ambas lenguas. Y, dependiendo del contexto, tengo la opción de decidir cuál de las dos usar. Con mis colegas bilingües, suelo optar por el español. Me provoca menos tensión. Su sonido es más natural para mí. Por supuesto, mis conversaciones con ellos están llenas de anglicismos, manchadas por el ocasional error sintáctico, o distorsionadas por malas pronunciaciones menores. Pero estos son algunos de los gajes del oficio que se han ido acumulando. He logrado ganancias en mi nuevo idioma y he sufrido pérdidas en mi lengua materna. Pero ahora siento que esta sombra, ese acento que me ha seguido a lo largo de los años, ya no es tan oscuro; esto es un alivio que me llena de bríos el espíritu y que me da la confianza de conversar de igual forma en ambos idiomas.

Esta tarde, mientras revisaba mis correos electrónicos, encontré uno de Ramón, con quien había conversado durante el lonche. Está recién llegado del rancho de sus padres en Michoacán. Las fotos que nos mostró en el almuerzo eran asombrosas: una sucesión de colinas verdes, valles adornados con una misteriosa y celestial niebla matutina. La silueta de un campesino del lugar con una enorme canasta de mazorcas colgada de la espalda desaparecía en la niebla.

—¡Qué hermoso! —exclamó alguien sentado a la mesa, elogiando la foto. Ramón sonrió con orgullo y contestó:

—¡Sí, la verdad que sí!

Su correo me dice que quiere contarme algo acerca de un proyecto. Levanto la bocina y marco su extensión. Le hablo en inglés, y en inglés le explico que el nuevo calendario puede retrasar otras cosas que están pendientes. Ramón parece intrigado:

—¿José?

—¿Sí?

Entonces pincha la burbuja:

—¡Güey, *qué* nasal te oyes!

Ramón no me da el golpe de gracia. Se reprime y no añade: "...en inglés", pero es fácil deducirlo. El dominio completo que creía ya haber adquirido en inglés está todavía lejos. Como todo lo que me interesa ahora es hacerme las cosas un poco más fáciles, efectúo una tersa transición de inglés a español. Cambiando de engranaje mental le digo:

—Ramón, leí tu correo sobre tal proyecto...

Mientras me explica las razones para retrasar el calendario y su voz se convierte en mero ruido de fondo, alguien entra en la oficina para usar el teléfono del cubículo contiguo. Justo detrás de ella, dos compañeros de oficina entran, parloteando acerca de sus planes para el fin de semana. De repente, la oficina se llena de una conversación vivaz y risas: ¡el sonido cristalino del inglés perfectamente enunciado! Sigo oyendo a Ramón, pero ya no lo escucho.

Me descubro a mí mismo pensando en el asno de la fábula, aquél que todos los días merodea debajo del mismo árbol, deseando secretamente aprender a cantar con las cigarras, con la esperanza de unirse a su coro melódico para, al final, darse cuenta de que lo único que puede hacer es rebuznar.

CINCO
EN EL TRABAJO

Al navegar en internet leo los encabezados: Arizona aprueba una ley que cataloga como criminal a todo inmigrante indocumentado que se encuentre dentro de sus fronteras estatales. El año pasado leí que un gran número de trabajadores indocumentados que trabajaban en la compañía American Apparel habían sido despedidos. En Georgia se llevó a cabo una redada en una planta avícola: el número de arrestados y más tarde deportados ascendió a cerca de doscientos. También el año pasado leí que la ciudad de San Francisco —siguiendo el ejemplo de New Haven— había decidido proporcionar identificación oficial a sus residentes indocumentados.

Hace dos o tres años leí la historia de un hombre indocumentado que había cruzado la frontera y se encontró con un auto que había tenido un accidente. La mujer que iba al volante estaba muerta, pero su hijo había sobrevivido. Jorge R. había dejado su pueblo en busca del sueño americano. Había atravesado el desierto por su propia cuenta y había entrado directamente a una pesadilla. Se ganó la confianza del niño. Lo consoló y se quedó con él hasta que llegó la ayuda. No sé si a este héroe accidental se le dio alguna recompensa o si, simplemente, había sido esposado y devuelto al otro lado; esa es una secuela que ya no pude seguir.

Llevo ya más de cuatro años siguiendo de forma puntual los intentos de reformar el sistema migratorio. Desde el nacimiento de proyectos de ley como el Kennedy-McCain, hasta la muerte de la misma, acompañada por el aplauso entusiasta de los republicanos de la cámara. He visto cómo las esperanzas de millones de personas se elevan y se colapsan, ondulando con las mareas de las encuestas de opinión y el futuro de las carreras políticas.

Termino de leer el artículo de Arizona. Se cierra un episodio más del drama cuando me desconecto de internet. Estiro las piernas. Hago rodar mi silla y me alejo del escritorio. Suspiro quedamente. Cuando estoy sentado en mi escritorio de la oficina, lo que pasa en ese deprimente mundo parece ocurrir en una dimensión remota. Se despliega en la pantalla de mi computadora, tras el cable del internet que me sirve para saciar mi sed morbosa. Es un mundo tan ajeno que me hace sentir que todo el asunto es absurdo.

Pero no lo es.

El hecho que pueda sentarme a reflexionar en el trabajo sobre este asunto es una de las más grandes ironías de mi vida adulta: la paradoja del profesionista indocumentado.

La paradoja de mi situación se manifiesta flagrantemente en ciertas ocasiones. Por ejemplo, a menudo se requiere que entreviste a candidatos que aspiran a ocupar un puesto semejante al mío. Me visto para la ocasión. Me pongo corbata. Me afeito.

Leo su currículum, les doy la bienvenida, miro sus caras, les hago preguntas.

Su futuro depende, en gran parte, de la impresión que me causen en los veinte minutos que siguen. Nuestra entrevista decidirá si nuestros caminos se cruzarán de nuevo.

Se me pide que juzgue sus capacidades. Pero durante esas entrevistas, los pensamientos que me asaltan son de una naturaleza muy distinta. El católico sentimiento de culpa de mi infancia no ha perdido totalmente la fuerza de su garra en mi garganta: ¿no será que este hombre de mediana edad sentado frente a mí, con toda su experiencia y sus documentos legales, es a quien se le debería ofrecer este puesto que yo he usurpado? ¿O será que se me han metido demasiado sus ideas en la cabeza? ¿Las ideas que me retratan como un ser ínfimo, un intruso, un criminal, una persona sin derecho al trabajo?

Las dudas que me asaltan en privado son un triunfo indiscutible de la agenda conservadora, la misma agenda que pregona las virtudes de la libre empresa y luego mira para el otro lado cuando los efectos de dicha empresa, como los desplazados o las migraciones de millones de personas, se hacen evidentes. Pero señalar sus contradicciones a Estados Unidos es un esfuerzo inútil.

Hace aproximadamente cien años, durante los motines de East Saint Louis, W.E.B. Du Bois expresó que los problemas humanos de los nuevos habitantes, aquellos que habían llegado recientemente del sur, no eran asunto que preocupara a esa ciudad industrial mientras sus tiendas de abarrotes y cantinas prosperaran y sus fábricas hicieran escándalo y echaran humo y vapor y sus banqueros siguieran enriqueciéndose. De la misma manera, las marchas de los inmigrantes en Chicago en 2006 y 2010 no tuvieron impacto en las vidas de los millonarios de la calle LaSalle; tampoco perturbaron las serenas caminatas de los residentes del vecindario de Gold Coast, ni encontraron compasión entre los caballeros del Palacio Municipal, así que todos volvimos al trabajo como siempre, pues Chicago necesita que se laven sus excusados y que sus mesas estén limpias.

Camino por el pasillo después de la entrevista entregado a este tipo de pensamientos. Me debato pensando si he violado algún principio ético. Me pregunto si debería renunciar inmediatamente y quedar en paz con mi conciencia, cuando me cruzo con un grupo de conserjes mexicanos que van a comenzar su turno: briosos, joviales, riéndose de chistes misteriosos. Entonces todo se aclara: un trabajo como el de ellos me correspondería más naturalmente. Estaría más de acuerdo con mi pasado.

Los conserjes dan vuelta en la esquina y desaparecen dentro del vestidor. Me acomodo la corbata y me siento nostálgico. ¡Cómo extraño las punzadas y las alegrías del trabajo físico!

Al escuchar a mis paisanos siento nostalgia por mi vida anterior: pienso en mis primeros doce años en Chicago. Pienso en mis numerosas ocupaciones. El podar de los jardines que comenzaba temprano en las mañanas veraniegas. Recuerdo las mañanas y las tardes que parecían durar para siempre. El bochorno que irradiaba del sol inexorable, un calor que siempre me causaba un sarpullido en la espalda, en las piernas y en los brazos, entre las nalgas... Y pienso en la igualmente opresiva temperatura de la línea de producción en la fábrica. Allá, un río candente de acero derretido corría frente a mis pies. Y pienso en el tercer y último círculo de mi propio infierno: el puesto de lavaplatos en el restaurante mexicano donde trabajé más de doce años. ¡A pesar de la incesante sucesión de canastas llenas de platos sucios, qué divertido era! Qué divertido era sentir la adrenalina corriendo por mis venas mientras los cocineros me gritaban:

—¡Platos, más platos!

¡Qué emoción clandestina era robarle un minuto o dos a mi faena para aliviar el sarpullido! Entre las existencias de carnes, papas, contenedores de fresas congeladas y más, el clima ártico del cuarto congelador ofrecía un abrazo reconfortante. En invierno simplemente salía del restaurante por un minuto y dejaba que la piel se me enfriara antes de volver a mi puesto.

Y luego estaba el albur, el juego vulgar en el que todo varón mexicano participa. Las alusiones fálicas y testiculares que la siempre activa imaginación del varón mexicano multiplica hasta el infinito. Los chorizos, los chiles —jalapeño, poblano, ancho, los aguacates y cualquier pieza de carne cruda—, todo se llenaba de atributos sexuales mientras los cocineros los usaban para bromear agresivamente entre ellos en un despliegue semejante al de un vestidor deportivo que mostraba una inocencia sensual digna de los griegos y una represión sexual muy católica.

Además, los viernes de cada quince días cuando John, el cantinero gringo que insistía en que lo llamáramos Juan, traía un par de jarras de cerveza a la cocina. Recuerdo que pensaba entonces: "Esto no puede ponerse mejor: ¡cerveza gratis y ganar seis dólares la hora!" Creo que fue esa la razón por la que siempre era yo el primero en darle las gracias a John: "¡Gracias por las chelas, Juan!"

Y de verdad lo agradecía, ya que John y de vez en cuando Drew, uno de los dueños, eran los únicos que nos motivaban después de una noche pesada. El otro dueño, Roberto, un hombre nacido en mi misma ciudad, nunca nos dio nada. En vez de eso, siempre estaba sobre nosotros: "¡Muevan la nalga, cabrones, que no tenemos toda la noche!"

Y luego, el día memorable en el que fui ascendido de la cocina al comedor. ¡Qué diferente se veía todo desde ahí! Ir de la cocina al restaurante era como entrar de lleno en otra dimensión. Aunque cada mesa tenía una vela encendida todo el tiempo en el centro, la luz en el comedor era más tenue, la atmósfera más íntima. Pero también era mucho más ruidoso. La puerta que dividía la cocina del comedor me recordaba la alta y oxidada valla debajo de la cual había cruzado la frontera: un pedazo de metal que dividía dos mundos totalmente distintos.

Fue entonces que comenzó mi contacto con el universo paralelo de la cultura estadounidense, ya que comencé a trabajar codo con codo al lado de cantineros y meseros. ¡Esos sí que fueron días felices!

Y ahora, de vuelta en mi empleo actual, mirando a mis paisanos mientras caminan por el pasillo en dirección a comenzar su turno, me consuelo pensando que, durante esos años, yo estaba menos estigmatizado y era una persona más feliz, más vivaz. Alejarse de los suyos es morir un poco, y la agonía se hace más profunda en medida que la distancia se agranda. En el pasado, es probable que yo haya estado muy consciente de mi desventaja económica, pero era absolutamente ignorante acerca de las implicaciones de mi estado legal. No estaba tan intranquilo con respecto a la ética, el derecho, el profesionalismo; me sentía menos torturado por preguntas acerca de la justicia y la equidad, todo lo cual es demasiado complicado para que mi mente pueda desenredarlo.

: : :

La manera en la que confronto mi estatus de indocumentado ha evolucionado con el tiempo. Durante mis años en el restaurante, preferí abordarlo de forma descarada. Pero en cuanto obtuve mi empleo actual, decidí que lo mejor era mantener un perfil bajo.

En el restaurante todo el mundo sabía que todos los demás eran indocumentados y, por lo tanto, no había nada que ocultar. De la misma forma en la que mis compañeros del restaurante no tenían por qué suponer que alguno de nosotros tenía documentos legales, en mi empleo actual nadie sospecharía que un indocumentado acecha entre ellos.

El otro día, durante un descanso en el trabajo leí un artículo acerca de un activista mexicano, aquí en Chicago. En él, el activista denunciaba la ley de Arizona que se debatía en ese momento. Ahora es ciudadano estadounidense. Pero, y está muy orgulloso de decirlo, alguna vez él también fue indocumentado. Ahora había cruzado ya los arcos dorados del norte. Ahora su visión de la vida es vertical y prometedora.

Lo envidié. Su confianza. Su entusiasmo. Su optimismo. El heroico gesto de su activismo. El triunfante final de su saga provinciana.

Entonces pensé en mí, en mi situación, mi visión de la vida, y me pareció circular y estéril.

No hay heroísmo en la clandestinidad. Solo existen la caza, la eterna persecución. Solo hay lo inevitable: la humillación, las mentiras, la silenciosa confrontación, la batalla diaria, el sentimiento aniquilador de orfandad que uno se traga calladamente y en privado.

Así es como lo he vivido yo, este silencioso drama. Gracias a mi empleo actual, en un periodo de casi cinco años he logrado salir de mi estado de desventaja y alcanzado el codiciado sueño americano. Y al lograrlo, como si no hubiera bastado con una vez, me he vuelto invisible una segunda ocasión.

Ahora soy una sombra furtiva que merodea por la tierra de fantasía de la clase media estadounidense. Me he vuelto un maestro en el arte de lo esquivo. He aprendido a operar fuera del radar y, al mismo tiempo, estar alerta.

Antes, cuando había noticias de deportaciones y éstas eran el tema de conversaciones con mis compañeros, yo reaccionaba de forma instintiva y con indignación. Ahora, cuando alguien en la oficina menciona cualquier cosa relacionada con la migración de indocumentados, respondo con compasión.

Hojeando las noticias, una de las secretarias me pregunta:

—¿Viste, José? Agarraron a un grupo de cuarenta y tres personas que estaban trabajando en un aeropuerto en Virginia con documentos falsos.

Pongo cara triste. Luego muevo la cabeza lentamente y respondo:
—Pobre gente.

Conversaciones ligeramente incómodas como esta no exigen más que un profundo suspiro, actuar con normalidad, aparentar que nada me preocupa. Sin embargo, otras, potencialmente peligrosas, exigen estrategias más sutiles. Una cosa que he aprendido en este trabajo es a retraerme, cuando es necesario, al secreto, al silencio.

Un día, durante la época de las elecciones, Jorge, sentado a mi lado, me pregunta si la noche anterior había visto el debate en la televisión. Respondo:
—¡Claro! ¡Estuvo interesante!

Nadine entra en la oficina y se une a la conversación. Ella ya decidió y votará por Obama.

Jorge tiene algunas preocupaciones. Piensa que McCain se ve demasiado viejo. El tipo se va a caer muerto uno de estos días, dice. Rachel, quien ha estado oyendo en silencio, dice que no le gusta Obama, pero que no tiene más remedio que votar por él. Hubiera estado feliz de votar por Hillary, solo para seguir viendo a Bill en la pantalla. Pero Obama no le gusta. Simple y sencillamente.

Mientras estoy allí sentado escuchando la discusión comienzo a recordar cada conversación respecto a mi estado legal que he tenido con cada uno de ellos. Le he dicho a Jorge que la burocracia era avasalladora y que sencillamente no estoy interesado en la ciudadanía estadounidense. Pero, ¿no le he dicho a Rachel que estoy en el proceso de solicitarla? Y, a Nadine, ¿qué clase de tontería le he dicho a ella? ¡Cuántas inconsistencias!

Siento que el tiempo se me acaba. Cuando me toque el turno de decir por quién voy a votar, tendré que dibujar una sonrisa amistosa en mi cara y decir otra mentira piadosa. Tendré que cambiar el tema de la plática cuidadosamente. O tendré que dar un giro en la silla y fingir que estoy mecanografiando un correo electrónico, o llamando por teléfono. En el peor de los casos, tendría que salir de la oficina.

Ir al baño. A la cafetería. Actuar como si le estuviera poniendo algo en el correo a alguien. Pero eso resultaría demasiado abrupto y me vería sospechoso.

Sigo sentado, escuchando los detalles que los han persuadido. Y entonces, después de darle vueltas y vueltas en mi cabeza tratando de concebir una estrategia para escapar, tejiendo mentiras, ocurre un pequeño milagro. Satisfechos con la idea de que sus votos serán para el candidato correcto y por las mejores razones, Nadine y Jorge vuelven a sus cubículos. Igualmente satisfecha con su decisión, Rachel sale de la oficina.

Solamente quedo yo, en medio de la oficina, mirando la alfombra. Aunque estoy sorprendido e incrédulo, estoy contento de haber podido abstenerme de participar esta vez. No se me preguntaron razones ni tuve que ofrecer explicaciones. Yo me había imaginado una posible crucifixión sobre las maderas de mi ilegalidad, pero no pasó nada.

En este mundo de incertidumbre en el que habito, al menos una cosa es cierta: ninguno de estos tres sospecha de mí.

Después de años de esquivar preguntas, de esconderme, de ocultarme, a veces con mentiras elaboradas y, otras, solo retrayéndome en el silencio profundo, este momento me dio una extraña paz mental, una extraña sensación de seguridad a la que no estoy acostumbrado.

¿Será que esto significa la legalidad, el encontrar una protección detrás de esta barrera emocional, detrás del escudo invisible de la normalidad?

:::

Con frecuencia me pregunto cómo será cuando llegue el momento. Al principio, todo me resultaba amenazante, hasta el correo que recibía del trabajo. Cada carta podría representar un problema. ¿Acaso ese sobre no traería la petición de que aclarara un problema con mi número de seguro social? O, al escuchar el teléfono timbrar, ¿no sería recursos humanos para exigirme que me presentara en su oficina de inmediato? O quizá ignorarían toda diplomacia y enviarían a seguridad directamente a mi cubículo para escoltarme fuera de la oficina. Sería casi cómico, la forma en la que me encontrarían: con los audífonos puestos, extraviado en el universo paralelo de la música, que era en aquellos tiempos mi único consuelo.

Esos eran los escenarios que me atormentaban. La materialización de cualquiera de ellos podía ser el final concreto de mi pequeña fantasía. Pero pasaron semanas, luego meses y después años y quizá porque mi vida hasta ahora la he sentido tan vacía, he llegado a apreciar el suspenso, la amenaza latente, el aire denso de este limbo.

:::

Vivir en las sombras tiene sus ventajas. Los años de trabajo físico y el estigma (ojos recelosos posados sobre ti como un índice puritano) hacen que conozcas a fondo las virtudes más esenciales del estoicismo. También se aprenden valiosas lecciones de escepticismo. Estoy muy consciente de que las comodidades de mi oficina con aire acondicionado pueden ser efímeras y que en cualquier momento puedo ser obligado a trabajar de nuevo bajo el sol quemante.

A lo largo de mi vida clandestina he aprendido a considerar el éxito y la supervivencia como sinónimos. El uno se vive en público, la segunda se ejecuta en la oscuridad. En mi búsqueda de la supervivencia he utilizado la astucia y la mentira. Soy un fugitivo constante y mi refugio es el alto vuelo de la imaginación.

Una vez, en Chicago, fui todo un americano.

Ese día, como un murciélago, volé oculto por la noche. Mi transmutación, mi naturalización voló de noche el día de las elecciones. Ese día, la ciudadanía americana me hubiera redimido. Voto, luego existo: ese hubiera sido mi lema. Mi realidad, sin embargo, es otra: no voto, por lo tanto, no existo. Aunque soy parte concreta de un problema transnacional, no soy más que un fantasma político.

La escena sucede el día de las elecciones. Entro a trabajar muy temprano. Planeo estar solo todo el día: terminar con los pendientes, limpiar mi buzón, contestar correos electrónicos, hacer lo que sea para dar la impresión de estar ocupado, tanto que no me es posible salir de mi cubículo.

Soy el primero en llegar a la oficina. Me siento en el escritorio, me pongo mis audífonos y finjo que estoy totalmente absorto en mi trabajo. Así, ninguno de mis colegas me interrumpirá. ¡Todos saben que no hay que distraer a un hombre concentrado en su trabajo!

Las primeras dos horas salen como lo planeé, excepto porque me di cuenta de que se me había olvidado meter mi almuerzo en el refrigerador. Me dirijo a la cocineta y me tropiezo con dos colegas que están platicando en el pasillo. Una de ellas me pregunta si ya voté.

—¡NO!

Se ríen. Luego se burlan. "¡NO!" me imita una de ellas haciendo grave la voz.

Dejo el almuerzo en el refrigerador y regreso. Reviso mi bíper cuando paso al lado de ellas, fingiendo que estoy leyendo un mensaje que jamás me llegó.

De nuevo en la oficina, Carla acaba de llegar. Se está quitando una chamarra verde claro que tiene una calcomanía roja en el lado izquierdo que dice "¡Voté!" y me saluda de la forma más amistosa, mientras mastica un enorme pedazo de chicle blanco. Se le ve muy satisfecha por haber cumplido con su deber cívico.

Y esto basta: su satisfacción y su placer al masticar el chicle me ponen de mal humor. Siento cómo se agita una rabia humillante muy adentro de mí. Según yo le respondo "Hola", de la forma más sencilla y serena cuando paso a su lado. Pero cuando ella me pregunta si estoy bien, me doy cuenta de que he permitido que mi frustración se me suba a la cabeza otra vez. Es la segunda vez en un lapso de dos minutos. Me vuelvo hacia ella y le ofrezco una disculpa: —Perdón —le digo con un gesto de arrepentimiento en la cara y moviendo la cabeza— es que estoy muy ocupado.

Me siento en el escritorio y hago girar mi silla. Me lleno las orejas de música a todo volumen y sumerjo mi cabeza de nuevo en mi cubículo. Soy una triste y resentida avestruz huyendo del brillante y alegre mundo que comienza a florecer a mi alrededor.

Después, cuando todos mis colegas se han ido a comer, tomo mi sándwich. Necesito alejarme de mi escritorio. Tomo mi bolsa de plástico y me meto en una oficina que casi siempre está vacía a la hora de la comida. En cuanto doy unos pasos, me saluda otro colega que está leyendo encuestas de salida en la computadora. Voltea a verme y me dice de la forma más inesperada:

—¡Te quiero, N——!

—¡Déjate de chingaderas! —le contesto.

Quiere compartir su entusiasmo conmigo y yo le contesto con un insulto. Pero es una respuesta calculada. Es mi única y mejor oportunidad para salir de esa oficina, evitar cualquier conversación acerca de las elecciones y dejar una nube de misterio detrás de mí, todo al mismo tiempo.

Cuando me doy la media vuelta y cierro la puerta detrás de mí con la mano derecha y mi bolsa de plástico en la otra, lo oigo decir en tono jocoso, "¡Pinche N——!" Su voz tiene un timbre celebratorio y esto me irrita aún más.

Salgo del edificio a la tarde fresca. Me siento en una banca y tiemblo bajo el generoso sol de noviembre. Mordisqueo lentamente mi sándwich y deseo que el día de elecciones termine de una vez.

Nunca antes había sentido esa ansiedad por salir del trabajo. Casi siempre, cuando da la hora, me salgo de mi computadora, apago mi bíper, la luz de mi cubículo, saco mi mochila de debajo del escritorio y me voy. Aunque vivo bajo una amenaza latente, confío en la máxima de Hesíodo que reza: "El esfuerzo hace que el trabajo salga bien, pero el hombre que lo pospone está siempre al borde de la ruina".

Soy un hombre afortunado y desenvuelto. Un hombre satisfecho, después de completar otro día más en el trabajo.

Me voy al L (tren elevado). Allá, en el andén, me da gusto y me conmuevo al ver las multitudes de gente entusiasta: jóvenes, viejos, negros, blancos, hispanos, asiáticos, todos esperando al tren que los llevará al centro de la ciudad.

Al mirar a esa multitud jovial y llena de esperanza me siento invadido por una ternura avasalladora. Veo sus rostros, sus enormes sonrisas. Están tan seguros de sí mismos. En los últimos meses se han ocupado de hacer historia. Ahora están en camino de conocerla.

Veo sus rostros y siento un movimiento tectónico que desgarra una región desconocida, insospechada dentro de mí: me enorgullece vivir en esta ciudad.

Así estaba yo, soñando despierto, inmerso en mis reflexiones, cuando llegó mi tren. El tren que va en dirección opuesta; el tren que me lleva a mi condominio, desde donde seguiré estando al margen de la historia, desde donde la veré desplegarse en la pantalla de mi televisión.

Más tarde me entero de que al menos un par de personas que conozco tienen boletos para ir al Grant Park, donde se supone que esa noche Barack Obama dará un discurso. Me alegro. Uno de ellos, Francisco, me habla por teléfono. Está emocionado al punto de la agitación. Me cuenta que tiene dos boletos y me invita a ir con él. Esa noche, las luces del mundo se enfocarán sobre un hombre. Y ahí seré parte de una multitud jubilosa y optimista. Yo, que no soy más que una sombra.

Mientras pienso en su invitación me pregunto si el personal de seguridad tendrá los detectores de metales solo a la entrada. ¿Pedirán la identificación de la gente en el área cerrada del Grant Park? ¿Escanearán cada identificación? ¿Qué pasaría si mostrara mi licencia de conducir falsa? ¿Me aprehenderían calladamente? O, ¿habrá un policía que dé la alarma, sintiéndose un héroe desentrañando una loca conspiración de la cual yo soy un sospechoso importante? ¿Quién soy yo para arruinarle esta maravillosa noche a Francisco?

Declino su invitación, y aunque mis razones para no acompañarlo son falsas, le agradezco con sinceridad. Le digo que tengo planes para ir a celebrar con otras personas y me voy al centro.

Un silencioso entusiasmo se apodera de mí. Sin saber qué más hacer, pongo el discado rápido y llamo a mi madre a Guadalajara. Estoy extasiado. Entre otros lugares comunes, le digo que esta noche es inigualable. Que se está escribiendo un nuevo capítulo de la historia. Por lo que a mí respecta, esta noche Chicago es el centro del universo y yo voy en camino al centro a celebrar.

Mi madre me dice que Obama parece un hombre noble y que seguramente será un buen presidente. Estoy de acuerdo con ella y añado que estoy seguro de que esta vez mi situación se resolverá de una vez por todas y para bien.

Ya curtida en la escuela del desencanto, mi madre me contesta con sabio escepticismo:

—Pues ojalá y sí, mijo.

Entro a un restaurante abarrotado, especialmente lleno en el área del bar. Ordeno una cerveza y me alegro de que no me pidan la identificación. Tomo asiento en cuanto queda libre un lugar y miro en CNN el resultado del voto en Pennsylvania. Y en ese momento estamos seguros de lo que supimos todo este tiempo: que Barack Obama sería nuestro próximo presidente.

Entonces algunas personas gritan. Otras aplauden y dan vivas. Alguien propone un brindis. Alguien llora.

Dos amigos que también andan en el centro me mandan un mensaje de texto. Se reúnen conmigo. Nos tomamos una cerveza y nos apuramos en dirección al Grant Park. Como si una fuerza de gravedad tirara de mí, corro hacia el corazón de la enorme multitud. Corro y corro y solo me detengo al llegar a las rejas metálicas. En la distancia, una pantalla gigante enfoca el escenario. Poco después, Barack Obama sale y dice: "¡Hola, Chicago!"

Del discurso recuerdo poco o nada, pues estaba preso de un sinfín de emociones encontradas. Estoy ahí, avasallado por una tristeza insuperable. Sé que, como mexicano, nunca veré tal felicidad o entusiasmo en las caras de mis compatriotas, pues un optimismo así va en contra de nuestra naturaleza.

Escucho las conversaciones casuales de desconocidos que convergen en el césped. Cuando me vuelvo a verlos, sé que estoy frente al rostro de la transformación y la unidad, de la fe en la igualdad y en un futuro compartido. Y, al menos en este momento, siento una profunda gratitud.

Todos los obstáculos con los que me he encontrado a lo largo de mi vida en esta ciudad, los quince años de frustración que he tenido que soportar, todas las mentiras detrás de las cuales me he ocultado, todo el miedo, la humillación, el estigma, el peso de este yugo que le ha sido impuesto a mi espíritu: todo comienza a disiparse en el seno estrellado de esta noche de noviembre.

Al día siguiente, en el trabajo, volveré al ocultamiento, a mis mentiras de costumbre. No a la mentira pasajera y caprichosa de la noche de la elección, sino a la mentira que se hunde de forma tan profunda en mi mente que hasta duele. Tendré que atenerme, de nuevo, a la astucia, esa sabiduría siniestra y torcida de la que escribió Lord Francis Bacon. No obstante, en la noche de la elección, inmerso en un océano de gente alegre, me siento impulsado por las alas de la Historia. Siento cómo mi pecho se hincha con orgullo y hoy soy tan americano como todas las personas que me rodean.

SEIS
EL DÍA QUE ME CONTARON

Alguna otra raza

"¿Qué tal samoano? ¿Puedo ser samoano?" Mi novia está llenado el cuestionario del censo de 2010. Está tratando de responder por mí la pregunta de la raza. El cuestionario llegó en el correo de hoy. Hace diez años, cuando llegó el primer cuestionario del censo, le eché una mirada e inmediatamente lo tiré a la basura. Le tuve recelo. Esta tarde, a diferencia de entonces, decidí dejarlo un rato sobre el mostrador de la cocina.

A lo largo de la tarde no pude evitar verlo de reojo mientras hervía agua, calentaba aceite, picaba cebollas y pimientos para la cena. Ahí estaba: una inocua pieza de correo. Pude haberlo metido en la trituradora de papel en el momento en el que llegué a casa, desechándolo como correo no deseado. Y quizá debí haberlo hecho. Pero me faltó valor. Además, mi novia se preguntaría tarde o temprano por qué nunca había llegado. Estaba seguro que a ella le gustaría cumplir con el deber cívico de llenarlo para ser incluida y contada.

Yo, como no tengo ese deber cívico que cumplir ni un imperativo moral para hacerlo, podía darme el lujo de ignorarlo si me parecía. Después de todo, ¿qué diferencia podía hacer que llenara el censo o no? ¿Yo, una solitaria sombra sin contar, entre millones de sombras más?

Primero miré el sobre con rabia, luego me pareció divertido que estuviera allí. ¿Qué tal si mentía al contestarlo? Pero ya estaba yo por los treinta y tantos, ya le había dicho adiós al joven irreverente que desdeñaba todo lo que tuviera que ver con la autoridad. Aquél que rompió el cuestionario anterior en pedacitos. Ahora que ya era un hombre más maduro, quería entenderme con mi situación.

Estados Unidos está perfectamente al tanto de mi ilegalidad. Y aun así quiere contarme entre sus números. ¿Por qué? Porque Estados Unidos tiene un código moral muy estricto al cual apegarse. Incluirme en el censo es un acto de santurronería. Un acto que está en perfecta sintonía con la doble moral de su discurso. Estados Unidos quiere tener una casa limpia y ordenada. Una casa donde todos los habitantes sean tomados en cuenta, hasta aquellos que viven de las migajas que caen de su mesa.

Cuando todavía no era visible, cuando la naturaleza clandestina de mi estatus no perturbaba el orden, la tensión social de Estados Unidos consistía mayormente de un péndulo que oscilaba entre contrarios raciales. Ahora, cuando Estados Unidos mira hacia esos días del pasado, se pregunta cómo creció tanto esa zona sombreada de la cual soy parte. ¿Cómo resolver este problema? Mi continua inclusión en el censo es un golpe maestro de corrección política; no arregla nada, pero me da una ilusión de dignidad mientras Estados Unidos se da de palmadas en la espalda.

Estados Unidos lleva ahora un poco más de un siglo tratando de resolver la cuestión mexicana. Comenzó justo después de la invasión de México: la definición de mexicano en el censo ha ido cambiando. Los mexicanos, ¿son blancos o indios? ¿Otra raza? ¿Los rebautizamos como latinos o hispanos? Es como si Estados Unidos, al lado de las mentes mexicanas más brillantes, hubiera sido arrastrado al embrollo de resolver la definición de la identidad mexicana.

Hace diez años, cuando recibí el primer censo, me agaché y me escondí. La idea de que el mismo sistema que insistía en mantenerme en la oscuridad también deseara reconocer mi existencia por escrito me confundía. Pero eso era entonces. Ahora ya entiendo mejor las cosas y puedo ver el censo como otra de esas dulces ironías que hacen que mi vida en este país sea más agradable. Me imagino al general Winfield Scott conquistando México, su entrada triunfal en el palacio de Moctezuma. ¿Se imaginaría la invasión desarmada en dirección contraria, misma que ahora ocupa porciones de su país y de la que formo parte? ¿Y qué del Congreso, que durante las deliberaciones donde se consideraba "anexar todo México" concluyó que Estados Unidos no podía absorber la totalidad de la población mexicana, entonces de seis o siete millones de personas, debido a nuestros orígenes mestizos? ¿Qué harían si supieran que los números de mexicanos que ahora vivimos en Estados Unidos de forma ilegal es semejante al número al que llegaba la totalidad de la población mexicana de entonces? Y mi favorito: la sentenciosa opinión de Ralph Waldo Emerson quien, irónicamente, se oponía de forma absoluta a la invasión de México por los americanos y que era un ferviente admirador del México antiguo: el anexar México, decía, "envenenaría" a los estadounidenses.

Emerson nos otorga a los mexicanos más crédito del que merecemos. Si alguna vez se nos ocurriera envenenar a Estados Unidos, nuestro plan no tardaría en venirse abajo. Los mexicanos hemos probado que somos infalibles en el asunto de arruinar nuestras más altas metas. Nuestra historia atestigua que poseemos una *in*capacidad excepcional para llevar planes que requieran organización hasta sus últimas consecuencias. Así, para fantasear un poco con el escenario apocalíptico de Emerson: si decidiéramos envenenar de forma sistemática a Estados Unidos, fallaríamos miserablemente. A lo que llegaríamos, cuando más, sería a sazonar de más lo que caiga en la barrigota del gringo y provocarle un tremendo caso de chorrillo. Pero claro, entonces se pondría en acción el sentimiento católico de culpa y nos arrodillaríamos rápidamente a limpiar sus excusados.

"¿Entonces?", me pregunta mi novia otra vez, con la pluma en la mano. Sus claros ojos me miran con atención. La pregunta anterior estuvo fácil: "Sí. Mexicano. Mexico-Americano. Chicano".

Sigue, leyendo en voz alta las opciones raciales. No me identifico del todo con ninguna de ellas, así que escojo samoano. Suena remoto, reconfortante. Exótico. Un intento inconsciente de sacudirme mi propio exotismo. Después de todo, ¿qué puede ser más exótico que un mexicano?

En la universidad, mis compañeros árabes me decían que tenía el mismo aspecto que ellos. Mis dos hermanos parecen europeos. Mi abuela tiene rasgos marcadamente indígenas. Tengo una tía de piel muy oscura que tiene una hija que parece asiática y un hijo que podría pasar por blanco.

Siglos de mestizaje me han colocado fuera del espectro racial del censo de 2010. Entonces, cuando tengo que decidir, renuncio a "samoano". Me quedo con la opción de "otra raza". Esta pregunta tiene una segunda parte. Debo *definir* mi raza. Le pienso un minuto, pero la tarea abruma mi imaginación. Elevo las manos en señal de frustración y le pido a mi novia que deje los espacios en blanco.

Miedos y sueños

Los tratos con la oficialidad suelen traer consigo algún asunto desagradable. Cada vez que me encuentro a mí mismo caminando de puntitas por la caverna sombría donde dormita la bestia, la experiencia es siempre la misma: se me recuerda cuál es mi situación y un profundo sentimiento de exclusión se agita dentro de mí y me perturba. El censo subraya mis orígenes, el lugar de donde provengo y al que no puedo volver si no deseo ponerle un sello de clausura a la vida que he llevado en Estados Unidos. Me recuerda mi incapacidad para viajar, que es algo que me resulta particularmente humillante.

En otras ocasiones, cuando me descubro fantaseando con la idea de subirme a un avión, no me resulta difícil persuadirme de abandonar dichas fantasías de inmediato. Pienso en las incomodidades de viajar: las largas filas, las esperas sin fin, los retrasos, las maletas extraviadas, el jet lag. Me trato de convencer de que este territorio subterráneo que habito es mucho mejor que la temible inmensidad de los cielos abiertos, que prefiero la tierra sólida, la seguridad y las garantías que ofrece; me convenzo que soy más bien del tipo sedentario y que, para recorrer el mundo, no hace falta levantarme del duro asiento de esta negra silla de madera. De cualquier forma, en el fondo sé que si tuviera la menor oportunidad de volar, sería el primer pasajero en documentar el equipaje. Abordar un avión sería un acontecimiento memorable: una sensación de liberación que aquellos que tienen facilidades para viajar cómodamente y a quienes no les afecta el estigma de la ilegalidad no podrán jamás comprender. Algo parecido a lo que quizá Emily Dickinson tenía en mente cuando escribió acerca de la dulzura de los néctares y la amargura necesaria para poder disfrutarlos de verdad.

Es por eso que he buscado mi consuelo en la lenta agonía de la escritura. La habilidad para escribir es lo mejor que me han concedido todos estos años en la oscuridad.

El don del sueño. Escribir se ha convertido, para mí, en una forma de soñar acerca de las cosas que me parecen casi imposibles. Por ejemplo, cuando el presidente Obama visitó mi natal Guadalajara en su primer viaje oficial a México, yo soñé.

Los tres jefes de estado de Norteamérica habían llegado, por fin, a un acuerdo que nos otorgaría a nosotros los mexicanos las mismas facilidades para viajar que a los estadounidenses y los canadienses. Así como los canadienses y los estadounidenses anhelan visitar nuestros pueblos mágicos y playas soleadas, a mí me gustaría dar paseos a pie por las sombrías orillas de Seattle, o mirar los imponentes cielos azules de Vancouver. Me gustaría ir a esquiar a Aspen; me gustaría extraviarme en la melancólica explosión de un otoño en Vermont. Sentir la aceleración de la adrenalina que alienta Nueva York.

Pero durante la cumbre no se llegó a ningún acuerdo para que los mexicanos tuvieran facilidades para viajar. *Los tres compadres*, eso sí, se tomaron fotos impresionantes. En una de ellas, las agudas puntas de unas hojas de maguey resaltan en el fondo. Los tres presidentes están sentados tranquilamente en hermosos equipales hechos a mano. Es la primera vez que Obama y Harper han tomado aguamiel de maguey y están ausentes y contentos. La seguridad y el crecimiento de América del Norte están asegurados, y ahora los mandatarios son solo un estadounidense y un canadiense de vacaciones.

Llenar documentos oficiales, como el cuestionario del censo, también puede ser un acto de esperanza. Por lo menos durante un momento, he estado en el umbral de la legalidad y fantaseado con que mi vida mejoraría de ahí en adelante. Espacios que hasta ese momento me habían estado vedados, de pronto parecían abrir sus puertas y ofrecerme un espacio de privilegio entre la gente a la que hasta ese momento veía con envidia. Es un alivio momentáneo después de años de incertidumbre. Pero pronto se disipa el espejismo: la inclusión de las personas indocumentadas en el censo es parte de un aparatoso gesto moral en el que Estados Unidos se autocomplace.

El desencanto que, inevitablemente, sigue a estos inútiles procedimientos burocráticos no alcanza a extinguir por completo la esperanza. Actuar es una forma de tener esperanza. Acciones como la marcha de la primavera de 2006 aquí en Chicago. Entonces, el futuro nos parecía más prometedor a todos los que llevábamos una vida clandestina. Éramos optimistas y no creíamos que fuera imposible vencer el fanatismo de la extrema derecha. Los Sensenbrenners, los Dobbs, los Arpaios querían retratarnos como viles delincuentes. Nosotros deseábamos mostrarnos como trabajadores dedicados, con el potencial para hacer una verdadera contribución a la sociedad. Ese día, mares de gente gritaban consignas y vivas en el distrito financiero de Chicago, invadiendo y paralizando el centro de la ciudad. Los reporteros, tal vez exagerando, escribieron que la ciudad jamás había atestiguado algo parecido.

Fue una experiencia emocionante, estar en la multitud y ver a todas esas personas marchando con sus uniformes de trabajo. Los gorros de chef y los uniformes de las fábricas estuvieron por todas partes. Pero dos años después, cuando nuestras esperanzas parecían consolidarse y todo parecía marchar sobre ruedas para lograr una reforma migratoria amplia, la iniciativa Kennedy-McCain cayó muerta en el pleno de la Cámara de Representantes.

Pero el debate no quedó ahí. Todos los políticos saben que, al llegar el año electoral, la mejor forma de conseguir publicidad gratis es adoptar una postura ante el problema candente de la inmigración. Escucho los discursos. Conozco sus opiniones y argumentos. Para los demócratas soy una carga indeseable, para los republicanos, una molestia reemplazable. En el discurso conservador soy un invasor y un criminal: lo que me separa del ciudadano que obedece la ley es un abismo moral. Cuando a la plataforma de un candidato se le agota la creatividad, cuando los números de las encuestas señalan que va en caída, éste es el tipo de retórica que seguramente escucharemos: un llamado desesperado a la rectitud moral.

¡Que salgan en mi defensa! ¡Que me insulten! No es más que un espectáculo. De ello no saldrá nada. ¡Son actores que buscan los reflectores, los micrófonos, las cámaras!

Este es un secreto que los políticos nunca van a proclamar, pero que mi particular forma de vivir en las sombras me ha permitido escuchar: mientras más hablen de mí, y entre menos hagan por mí, mayor será su popularidad. ¡Qué genio! ¡Mientras más gritan, más brillan! De forma sabia y calculando astutamente han llegado a un arreglo tácito: han acordado no llegar a un acuerdo en torno al asunto de la inmigración. Vivir en la superficie tiene sus beneficios, sus lujos, y no están dispuestos a arriesgarlos. Al mundo de la *realpolitik*, ¿por qué le interesaría mi territorio de sombras? Si los legisladores votaran con conciencia, sentirían la lisa piel de sus asientos de cuero escapárseles debajo sus cómodos traseros.

Este ciclo bianual es muy puntual. Tiene un fuerte aire griego, este festival de risas y de llanto. ¡Y qué talentosos son sus actores! ¡Qué buenos son al convencerme *a mí* de sus farsas! ¡La velocidad con la que construyo y miro cómo se colapsan estos castillos de aire! Pero mis sueños no duran mucho, y son tan efímeros como la esperanza.

Apenas esta semana, por ejemplo, hubo un esfuerzo bipartidista semejante a la iniciativa Kennedy-McCain, esta vez por parte de los senadores Schumer y Graham, quienes publicaron una editorial que proponía una revisión de las leyes migratorias. Esta iniciativa obtuvo el apoyo inmediato del presidente Obama. El candidato Obama había prometido que habría un proyecto de ley migratoria en su primer año de gobierno. Ya pasó más de un año, y le ha dedicado menos tiempo a la reforma migratoria que a la deliberación pública del tipo de perro que le conviene tener a la familia Obama. En su primer informe a la nación, el asunto migratorio, uno de los pilares de su campaña, solo ameritó un renglón.

Pero lo entiendo: el camino está sembrado de obstáculos. Primero, estaba la economía. Luego, las guerras. Después, el desempleo. Más tarde, la salud pública. Y ahora la sombra amenazante de las elecciones legislativas.

Y aun así hay esperanza. Mientras escribo estas líneas hay una marcha por los inmigrantes en Washington, y los que marchan se sienten optimistas. Creen en el poder de los números y están dando otra demostración de fuerza. No es casualidad que esta enorme marcha haya sido programada para hoy, cuando se espera el voto sobre la reforma de salud pública.

El destino de cualquier proyecto de ley migratoria depende de si los republicanos están dispuestos a arriesgar el voto hispano otra vez: si el Tea Party lanzará una campaña cruel oponiéndose y denunciando la legalización de más de doce millones de "criminales"; o si, con el desempleo en un 10 por ciento, los demócratas moderados comprometerán sus acogedores asientos en el Congreso; si John McCain, quien cobardemente se dejó presionar por la extrema derecha para adoptar una postura anti-inmigrante, volverá a ser moderado; si el grupo hispano de legisladores votará a favor de la reforma de salud.

¡Los misteriosos laberintos de la política, cómo hacen que me dé vueltas la cabeza!

Un linaje torcido

Una voz —o más bien, un caudal de charlatanería cuando se trata de opinar sobre cualquier otro tema en la galaxia—, ha faltado en el debate sobre la inmigración. Nueva York, ese faro, se ha mantenido en relativo silencio. Si es que el tema no le parece lo suficientemente interesante o está muy por debajo del nivel para ser un tópico en los cócteles y sus relucientes páginas editoriales, eso es algo que solo ella sabe. Se mantiene remota y estática. Cuando pienso en la Nueva York cerebral y su empatía por el dilema en el que me encuentro, inmediatamente recuerdo una de sus ingeniosas voces. En una entrevista con el premio Nobel francés Jean-Marie Gustave Le Clézio, Adam Gopnik demostró qué tan lejano está el intelectual público de este asunto, cuando Le Clézio explicó, en el curso de la entrevista, cómo terminó viviendo en Nuevo México; dijo que cuando las cosas se pusieron peligrosas para sus hijos en el estado de Michoacán, él, como tanta gente en México, cruzó la frontera en dirección a Nuevo México.

—Pero *no* metido en la caja de un tráiler —añadió, burlona y rápidamente Gopnik con una risita, para que no se le fuera a ocurrir a alguien del público presente tener ideas equivocadas acerca de Monsieur Le Clézio.

Si yo hubiera estado entre el público, ¿qué hubiera sentido? A menudo me he sorprendido a mí mismo haciéndome esta pregunta. ¿Cómo hubiera respondido a la burla de Gopnik, a sus desdeñosas implicaciones? Me lo he preguntado con frecuencia, pero hasta ahora me doy cuenta de que probablemente no hubiera sentido nada. Mis diecisiete años de ilegalidad me han puesto cara a cara con todo tipo de humillaciones y esta vez no tendría por qué haber sido distinta: una cicatriz más en un lugar interno y recóndito, oculto a la vista del mundo gracias a mi piel, que se ha vuelto cada vez más gruesa.

Y al terminar de escribir esta idea, otra pregunta me viene a la mente: ¿qué demonios habría estado yo haciendo en la sede estadounidense del PEN? Entre neoyorkinos cultos yo no pasaría de ser considerado más que una mera curiosidad, un bicho raro que se habría infiltrado en las refinadas habitaciones de la burguesía, un mojado con pretensiones intelectuales.

Pero aunque el tema de la inmigración es demasiado pedestre para que Nueva York se ocupe de él, Nueva York está hombro con hombro al lado de Washington cuando se trata de asuntos de mayor importancia. Obama es capaz de enganchar a los estadounidenses en el debate público acerca del mejor perro para la familia presidencial y Gopnik reflexiona acerca de la nobleza de los perros; mientras Obama trae a Washington a su chef favorito desde Chicago —especialista, como si fuera poco, en cocina mexicana— para que prepare una cena de estado, Gopnik se muestra indulgente y diserta acerca de las virtudes de la cocina francesa.

La decadencia de Obama me recuerda uno de los banquetes de Moctezuma —más de trescientos platillos a escoger en una sola sentada— pero sobre todo me recuerda la intuición infalible de Moctezuma, su profecía fatalista, la sensación de que un ciclo vital se cerraba sobre su encantada y flotante Tenochtitlán. De la misma manera, Earl Shorris nos recuerda que la sombra del ocaso ya está aquí, deslizándose hacia el corazón del Jardín de las Rosas. Lo que desapareció del mundo del emperador azteca fue el elemento mágico, mismo que cedió su lugar a la afilada solidez del acero y la cólera de dioses cuadrúpedos. Ahora, lo que se está perdiendo es el componente ético en la política. Y sin ética, nos recuerda Shorris, la política no tiene límites.

El poder ilimitado, ya se ha dado cuenta el presidente Obama, permite que uno, como el dios Jano, pueda ver en dos direcciones a la vez. Así que cada año podemos esperar que Obama organice una suntuosa fiesta de Cinco de Mayo, para conmemorar nuestra "herencia compartida". Con la mano izquierda alzará la copa y beberá lentamente de su tequila añejo y luego, con un solo plumazo propinado con la misma elegante mano, firmará una iniciativa de deportación que vale cien mil almas.

Pero olvidemos todo eso ahora y dejemos que el Congreso discuta la ley que aún está pendiente acerca de la inmigración. Una ley cuyo destino no depende de quién esgrima las mejores razones, sino —como en la lucha— de quien pegue más duro y grite más fuerte. Como el gato de la fábula, los glotones de Washington no están dispuestos a quedarse en ayunas tan solo porque al gallo no se le ocurren muchas y buenas razones para que no se lo coman.

Como las posibilidades de que se apruebe una ley migratoria este año son más bien pocas, seguramente veremos otra pelea. Más dimes y diretes. Una repetición de un juego infinito. El continuo espectáculo de la política, la forma más civilizada de la carnicería.

Cuando atestiguo este recurrente circo, recuerdo un pasaje de Immanuel Kant, quien escribió que del torcido tronco de la humanidad no se ha hecho una sola cosa que salga derecha. Y así, poseído por el mismo sentimiento de impunidad del que gozan nuestros políticos, me digo a mí mismo: "¡Órale pues cabrones! ¡Voy a volverme aún más cínico! ¡Voy a llenar sus pinches papeles, a intensificar más mi oscuridad: me internaré aún más en las sombras!"

Después de cenar, volteo a ver a mi novia. De nuevo ha tomado el formulario del censo y está decidida a llenarlo. Le pregunto qué le pareció la cena. Me contesta que bien y vuelve a su garabatear. Me quedo pensando en el montón de especias y hierbas que usé en nuestro platillo: tenía un sabor agridulce y estaba un poco más sazonado de lo que yo hubiera preferido.

Termina con el censo; yo levanto el sobre y le paso la lengua. No hay postre esta noche, excepto esta sustancia resbalosa, esta sensación pegajosa en la punta de mi lengua. Cierro el sobre y me siento de lo más satisfecho: aún si mi situación sigue sin resolverse durante años, al menos hoy fui tomado en cuenta.

POSDATA

Cuando supe que mi libro se iba a publicar, me di cuenta de que tendría que añadirle esta posdata. Los capítulos anteriores fueron escritos entre 2008 y 2010. Ahora estamos en septiembre del 2012. Un capítulo final y actualizado me daría la oportunidad de escribir acerca de sucesos cruciales en mi vida, mismos que han sucedido en los últimos dos años y que tienen que ver con mi nueva familia y mi empleo. Esta posdata también me ayudaría, de una vez por todas, a aceptar los términos de la peculiar situación en la que estoy desde que llegué a Chicago hace casi dos décadas.

El primer acontecimiento de gran importancia en mi vida durante este periodo fue mi matrimonio. Mi esposa D—— y yo nos casamos una tarde de otoño, estación que en Chicago generalmente trae clima frío y cielos nublados y grises. Pero en ese día, todo lo deprimente y frío de Chicago desapareció. Los cielos se abrieron y en lugar del espectáculo taciturno del otoño, se nos fue concedida la gracia de un agradable día de verano. Entre las muchas imágenes que tomó el fotógrafo, hay una en la que estamos de pie ante el icónico "frijol" en el Millennium Park. En una de las imágenes se puede ver el orgullo de la ciudad, el reflejo de los rascacielos de Chicago, ese racimo de vidrio y acero que se eleva de forma vertical con impunidad e indiferencia por encima de todo lo humano. Nosotros parece que dirigimos la mirada hacia los rascacielos, pero en realidad estamos viendo más allá, contemplando el horizonte despejado y azul. Yo interpreté los cielos azules de la fotografía como el signo de un futuro promisorio. Los dos anticipábamos con optimismo y esperanza nuestra vida de casados.

Apenas unos minutos antes, D—— había llegado al lugar que habíamos escogido previamente y donde la sesión de fotos se llevaría a cabo. Ya habíamos estado allí en numerosas ocasiones, paseando entre columnatas, sentándonos rodeados por la exuberante vegetación y las enormes macetas —más altas que nosotros— admirando los jardines que se extienden hacia el sur hasta hundirse y confundirse con la autopista Lake Shore Drive, al final de la cual se puede ver el área de los museos de Chicago.

Esta parte de la ciudad tiene un aire muy romano. Yo estaba sentado en una banca, mirando la arquitectura clásica que me rodeaba, cuando la vi. Tenía el pelo recogido en un chongo francés. Portaba un vestido del color de las perlas y la parte de su pecho que estaba descubierta se veía tersa y delicada, sus manos se apretaban alrededor de los tallos de un brillante ramo de flores y sonreía gentilmente. Eso es lo que vi al distinguirla en la distancia. Caminé a su encuentro. Entonces pude apreciar mejor su rostro, radiante y juvenil. Miré sus ojos, esos ojos de un azul imposible cuya hondura y claridad he llegado a considerar mi único consuelo en el incierto mundo en el que vivo, y quise decir algo, pero me quedé en silencio. Hay cosas que es mejor no decir.

Poco tiempo después estábamos en el Centro Cultural de Chicago, casándonos. Afuera, el rojo follaje otoñal ardía sobre el reluciente acero del pabellón de música del Millenium Park. La ceremonia tuvo lugar adentro. La mujer que estaba a punto de convertirse en mi esposa estaba de pie frente a mí, repitiendo los votos solemnes del matrimonio después de que los pronunciara el juez. Mientras escuchaba su voz me invadió tal gratitud, que me puse nervioso. D—— se dio cuenta y sonrió con la misma calma y decisión con las que me ha tranquilizado a lo largo de nuestra relación, desde la tarde aquella cuando, avergonzado y vulnerable, le revelé cuál era mi prohibido estatus migratorio. Sentí su mano, suave y compasiva, que buscaba la mía. Estaba al tanto de lo difíciles que se podían poner las cosas para nosotros en el futuro. Y aun así sonrió con confianza mientras deslizaba el anillo en mi dedo. Qué don más grande es este, el de ser bienvenido en la vida de alguien más, el ser aceptado incondicionalmente. Y qué suerte la de uno cuando encuentra a la persona en este mundo dispuesta a compartir la carga, la persona que verá lo mejor y lo peor de ti, la persona que sabrá de tus debilidades y tu arrogancia como nadie más, la que te completa en más de un sentido.

A pesar de que planeamos nuestra boda en un plazo de unas semanas, en lugar de meses, todo transcurrió como queríamos. La nuestra fue una fiesta pequeña y modesta, pero ni el más opulento banquete hubiera podido hacerme más feliz. Escogimos la parte del fondo de nuestro restaurante favorito, un lugar donde apenas cupo un pequeño número de invitados. La familia de D——, sus parientes y amigos vinieron de fuera de la ciudad. Yo invité a algunos amigos, colegas y a mis parientes más cercanos. Nunca antes la ausencia de mi madre, mis hermanos y mi familia inmediata me había parecido tan difícil de sobrellevar. Y aun así, yo estaba radiante de alegría.

Al sentarnos a la mesa pensé en mi madre, en la llamada telefónica que me había hecho en la mañana. Pensé en los muchos, muchos años que han pasado desde la última vez que nos vimos en persona. Pensé en mi padre. Traté de imaginarme su boda, su breve matrimonio, sentenciado desde el principio por la sombra ominosa de la intempestiva muerte de mi padre.

El eco triste y prolongado de una trompeta me devolvió al momento. Esta era la música que a mis padres les gustaba escuchar, una canción con la que mi padre cortejó a mi madre. La decisión de contratar un trío para que tocara en nuestra boda fue una forma de hacerles un homenaje a mis padres ausentes. Todas las canciones que pedí que tocaran los músicos fueron boleros que me aprendí al oírselos cantar a mi madre. D—— había sugerido que consiguiéramos una visa para mi madre, con el fin de que pudiera venir a la boda. Pero ya antes había llenado yo de ilusiones a mi madre, solo para que el consulado americano las destruyera. Incluso mi abuela, ya mayor, había tenido que vérselas con la indiferencia, el recelo y el rechazo de los oficiales estadounidenses en Guadalajara, quienes tuvieron la misma disposición para aceptar el dinero de la solicitud que para despedirla con las ilusiones hechas trizas. D—— dijo: quizá esta vez podría ser distinto si yo escribiera una carta en la que prometiera hacerme completamente responsable de sus gastos y su regreso. Pero en realidad no había nada que ella pudiera hacer: sus más de doscientos años de historia familiar en este país no cuentan para nada si lo que desea es arreglar la situación de su futuro esposo, ya no digamos de su familia mexicana.

Pero mi madre ya se había hecho a la idea y se conformaría con ver por video la boda de su hijo.

Al momento de escribir estas páginas llevamos ya casi dos años de casados. Por alguna razón, desde que comenzamos a salir, las cosas en nuestra vida comenzaron a sucederse en un ritmo que no esperábamos. Como en un concierto de Vivaldi, una nueva capa de nuestras vidas se ha desplegado con cada estación. Nos comprometimos en verano. Para el otoño ya estábamos casados. La espera de nuestro bebé comenzó en invierno. Era como si estuviéramos tratando de compensar por todo el tiempo que transcurrió en nuestras vidas antes de conocernos.

Entonces llegó la primavera, rebosante de promesas.

Los dos teníamos empleos estables, estábamos viviendo en mi condominio y mi esposa había negociado una hipoteca para una casa. Era una casa vieja que necesitaba de muchas renovaciones. Era allá donde los proyectos de la primavera iban a florecer. Todavía faltaban meses para que nos mudáramos, pero la sola idea de hacerlo nos llenaba de emoción. Era la casa que nosotros queríamos. La escogimos con cuidado, tomando en cuenta su potencial. Íbamos a tener un porche y un patio trasero listos para la llegada del bebé. Otra cosa que era importante para nosotros era la ubicación: estaba cerca del trabajo de mi esposa y a un par de cuadras del tren que yo podría tomar a diario para irme a trabajar.

Una agradable y fresca tarde de abril, D—— se puso a probarse ropa de maternidad. Yo estaba sentado en el borde de nuestra cama, meciendo las piernas como si estuviera en el borde de un peñasco, mirándola. El embarazo había acentuado su belleza; ella *era* la felicidad misma y su rostro irradiaba vida. Ella seguía probándose prendas y la chispa infantil de sus ojos me decía que este no era un buen momento para interrumpirla. Yo tenía que hablarle sobre un cambio importante que se iba a manifestar en nuestras vidas ese mismo mes.

Abril, como todos lo sabemos, *es el mes más cruel.*

:::

El nuevo director del departamento de recursos humanos en el trabajo decidió, al asumir su puesto, que se necesitaba poner orden en su nueva casa. Después de algunas pocas semanas de haber llegado a su nuevo empleo, cortó el fino hilo del que colgaba la espada de Damocles que pendía como una amenaza latente sobre mi cabeza. Y, como todo lo griego, esa hoja de espada debía cumplir con su destino. Cayó finalmente un jueves por la tarde y mi cabeza se desprendió y rodó fuera de la oficina donde yo había estado trabajando y ocultándome por cinco años. El correo electrónico que recibí me ordenaba que aclarara un problema con mi número de seguro social, y que tenía solo unos pocos días para hacerlo.

Yo había estado temiendo la llegada de ese día desde que conseguí el empleo. Me había imaginado diferentes escenarios, que iban desde lo realmente civilizado hasta lo horriblemente vergonzoso, desde una reunión incómoda en la oficina de mi jefe, hasta la brusca llegada del guardia de seguridad a mi asiento para ordenarme que empacara mis cosas y que lo acompañara afuera inmediatamente sin ofrecer ninguna explicación sobre el porqué. Pero todo pasó tan rápido y fue tan impersonal que lo único que se me ocurrió fue proceder de la misma manera. Así, al final del día preparé mi carta de renuncia, con efecto inmediato. Al día siguiente la entregué y nunca más volví a trabajar.

Para cuando aparezca este libro, habrán pasado más de dos años desde que perdí mi empleo. Y en este tiempo muchas veces me he preguntado cómo me ven mis jefes, qué es lo que piensan de mí. En mi carta de renuncia les di las gracias por su apoyo y expliqué que me iba porque quería comenzar mi propia empresa. Supongo que, para ellos, mi partida fue tan abrupta como inexplicable. "¿Qué babosada se ha apoderado de este tipo?" han de haber pensado entonces. Yo no había faltado un solo día a mi trabajo durante los cinco años que estuve empleado ahí. Así que una decisión como esa, abandonar un empleo estable y bien pagado, donde tanto colegas como jefes me habían tratado siempre con respeto, era algo de lo más extraño en mí, sobre todo si se considera que mi esposa estaba embarazada en ese momento, que había obtenido un préstamo para nuestra nueva casa y que yo mismo debía terminar de pagar la hipoteca de mi condominio. Estaba jugando con el futuro de mi familia solo para embarcarme en un incierto proyecto de negocios.

Al día siguiente, un viernes, esperé deliberadamente hasta que todo el mundo se fuera de la oficina para evitar despedidas de mis colegas o el tener que ofrecer explicaciones acerca de mi apresurada decisión. Quería ahorrarme caras tristes, interrogatorios llenos de curiosidad o preocupaciones genuinas acerca de mi vida personal. Había compartido momentos llenos de risas en esa oficina y ese recuerdo era lo que me quería llevar. ¿Y mis jefes? Ellos habían sido excepcionalmente amables: siempre me apoyaron y me trataron de forma justa. Hacía seis meses que me habían visto en mi boda, exaltado. Ahora, no tenía el valor para darles la cara. Mejor que piensen que soy un cabrón malagradecido que revelarles la verdad que me estigmatiza, mejor decepcionarlos por dejar el trabajo repentinamente y sin disculparme que meterlos en el lío en el que me encuentro, mejor que tengan una opinión desfavorable de mí a que sientan lástima e impotencia frente a mi situación. Mis superiores, la trinidad terrenal cuyos nombres debo omitir aquí, pero con quienes tengo una deuda infinita, tanto por el apoyo profesional que me ofrecieron como por su invaluable amistad.

Así, asaltado por sentimientos de culpa y de fracaso, ese viernes por la tarde bajé de las paredes del cubículo las fotos de mi boda que había pegado y recogí mis objetos personales. Imprimí la carta de renuncia que había preparado la noche anterior y la puse en el buzón del gerente. Ahí la dejé, con mi bíper, mi gafete, mis llaves y todo aquello que me había hecho sentir parte de esa organización, todo lo que creí que me pertenecía. Miré a mi alrededor para ver si alguien seguía en la oficina, pero todo el mundo se había ido ya al fin de semana. Apagué las luces y miré atrás una última vez: la oficina entera estaba en silencio y en penumbras. Había entrado a esa compañía con el sigilo de un ladrón, y como un ladrón me fui.

:::

Perder mi empleo fue algo devastador. Me sentí humillado. La idea de no poder mantener a mi familia me deprimía: era una sensación castrante que no había sentido nunca. Y ahora, con las leyes migratorias poniéndose cada vez más rigurosas y las compañías usando métodos electrónicos cada vez más sofisticados para investigar a los solicitantes, mis esperanzas de ser contratado de nuevo como traductor profesional se fueron haciendo cada vez menos. La única esperanza era que regularizara mi situación, pero bajo las leyes vigentes es, simplemente, imposible. No importa que haya estudiado inglés, que yo mismo me haya pagado mi carrera universitaria, prerrequisitos inflexibles que cualquier político que desee arreglar el problema migratorio pone a la cabeza de su lista de exigencias para los inmigrantes. No importa tampoco que siempre hubiera pagado mis impuestos puntualmente a lo largo de casi dos décadas y que al final de cada año me llegue una carta de la Administración del Seguro Social informándome que la cantidad retenida ese año no iría a parar a mi fondo de retiro (la carta más reciente informándome cuál era el total acumulado durante todos esos años llegó hace poco en el correo y ya ni me ocupé de abrirla). Nada de eso importa. Debemos enfocarnos en el presente, en la única cosa que podría resolver mi problema de una vez por todas: una reforma adecuada y sensata del sistema migratorio actual, muy parecida a la que el presidente Obama prometió durante su campaña presidencial.

Pero ahora, casi al final de su gobierno, no debemos engañarnos más: a Obama le interesa poco el padecer de los indocumentados. Muy al contrario: su administración ha sido particularmente cruel en lo que concierne a este tema. Desde que Obama asumió el poder, el número de deportaciones ha aumentado de forma exponencial, rebasando por un amplio margen a sus predecesores republicanos. ¡Qué lejos estábamos de imaginar que estaríamos enfrentándonos a las secuelas de la ruptura de las familias —padres esposados y arrastrados fuera de sus casas a media noche, bebés arrancados de los brazos de sus madres llorosas—, cuando el candidato Obama buscaba el voto latino con la promesa de reformar el sistema migratorio el primer año de su gobierno! No solo aumentaron las deportaciones durante su gobierno; Obama nunca pensó en cumplir su promesa. Ya pasaron uno, dos, tres y casi cuatro años desde que asumió la presidencia. Si no tuvo la voluntad de hacerlo con un Congreso de mayoría demócrata, ahora menos. ¡Vaya presidente liberal!

Y aún ahora, con las manos bien atadas por un Congreso republicano, hay muchas cosas que Obama podría hacer, como lo demuestra su acción dirigida a regularizar la situación de los llamados dreamers. Pero aquellos que crean leer en este acto un valiente gesto político o un acto de empatía de parte de Obama, se engañan. Debemos ver y juzgar las cosas por lo que son. El siquiera concebir la idea de que Obama tuvo una epifanía acerca del uso del poder ejecutivo es estar ciego y ser un ingenuo. Hay que recordar el lema favorito —de dos segundos de duración— que los políticos de ambos partidos utilizan indiscriminadamente al hablar de la inmigración: "Somos una nación de leyes, pero también somos un pueblo compasivo". Una frase tan inteligente, con un aura de rectitud y empatía que nos hace recuperar la fe en la benevolencia de los políticos. Pero la política no tiene corazón. Es un juego frío y calculador. Y, de la misma manera, nada hay de generoso ni humano en la última acción del presidente Obama. Si fuera así, ¿para qué prolongar la agonía de los "niños" en cuestión por más de tres años?

Está claro que el poder ejecutivo por sí solo no basta para reformar el sistema migratorio. Lo que no está claro es la falta de voluntad de Obama para usarlo de forma que pueda aliviar el sufrimiento de millones de personas. No, no está claro, pero supongo que ahora tenemos una idea de cuáles son sus propósitos: con la acción para ayudar a los dreamers, el presidente Obama quedará convencido de que hizo lo suficiente para aplacar el enojo de los votantes latinos y, así, meterse en el bolsillo a un electorado crucial cuyo voto pesa en los estados que definirán la elección presidencial que ya se acerca.

En un año electoral, el asunto de la reforma migratoria es demasiado volátil para enfrentarlo, así como lo fue durante el primer año de su administración. Este es, probablemente, el sabio consejo que el presidente Obama recibió de Rahm Emanuel, quien trabajó sin descanso con una postura antiinmigrante antes de convertirse en el jefe del gabinete de Obama.

Intereses mayores siempre acechan detrás de cada decisión política. Por eso, no me sorprendió cuando leí recientemente que Emanuel, ahora el respetable alcalde de esta, la gran ciudad de Chicago, creó una nueva oficina en el Palacio Municipal, la oficina de "Los nuevos americanos". ¡Emanuel tiene la intención de convertir a la ciudad de Chicago en la "ciudad más acogedora para los inmigrantes"! Pero en sus iniciativas no se menciona nada a favor de los inmigrantes indocumentados. Un pequeño gesto, como el ofrecer una identificación oficial a los indocumentados, podría servir de mucho a los beneficiarios. Pero no quiere tener nada que ver con algo así. Su meta es desatar el poder empresarial de los "nuevos" americanos, es decir, aquellos que ya tienen sus papeles en orden. Pero tenemos que recordar que el alcalde Emanuel no es amigo de los indocumentados. Cuando era un miembro destacado de su partido, apremiaba a los demócratas en votaciones apretadas para que apoyaran la ley Sensebrenner, esa que someta a personas como yo, que me retrata como un criminal, que me empujó más profundamente dentro de las sombras.

Y ahora —¿estará pensando Emanuel en un puesto aún más alto?— ha decidido confrontar al presidente Obama respecto a su postura sobre la detención de indocumentados, una iniciativa de la que Emanuel mismo fue artífice.

: : :

Mi esposa y yo nos mudamos a la casa nueva al principio del verano del año 2011 y, aunque los trabajadores ya habían terminado con numerosas renovaciones, todavía quedaba mucho por hacer. Puede que ya no tuviera un trabajo, pero lo que sí tenía era tiempo libre. D—— estaba de vacaciones y nuestros días se consumían yendo a buscar cosas y encontrando muebles nuevos. A ese ritmo, me di cuenta, los ahorros que había acumulado a lo largo de los últimos cinco años no durarían mucho. Pero gastarlos en esta casa era una inversión que yo esperaba diera frutos en el futuro. Mientras, nos la pasábamos barajando cartoncitos con las muestras de diferentes colores de pintura. Habíamos decidido repintar el cuarto del bebé con colores brillantes pero neutrales porque no conocíamos el sexo de la criatura y no teníamos planes de averiguarlo.

Otro proyecto que me mantenía ocupado era nuestro jardín. Hasta ese momento nunca había tenido interés en ningún tipo de vegetación, pero hasta una persona como yo sabía que la maleza silvestre que había invadido el pasto de nuestro patio tenía que ser eliminada.

Había un enorme pino necesitado de una poda, plantas que escoger, un pequeño huerto de vegetales por cultivar. Alguna vez Cicerón escribió que todo lo que un hombre necesita para ser feliz es un jardín y una biblioteca. Ya llevaba años siendo dueño de una modesta biblioteca. Cuando deseaba huir del mundo huía allá y dedicaba horas sin fin a ser testigo de la vida que surgía, a veces desordenadamente, a veces con parsimonia, de su interior. Pero durante esos días del verano pasado, lo que más me hechizaba era la visión de la vida, verde y nutritiva, al ver cómo se elevaba de aquello que antes no había sido sino una plancha de cemento roto, el lugar para estacionar un coche o una motocicleta.

Una tarde, mientras enjuagaba los jitomates, los pimientos y los jalapeños que apenas había recogido de nuestro pequeño huerto, me volví hacia la sala. D—— estaba en el sofá, mirando su estómago distendido y frotándolo suavemente, con las piernas cansadas estiradas y apoyadas sobre la mesa de centro. Pensé en el sabio romano de nuevo y me dije que, en su idea de lo que decía componer la felicidad de un hombre, faltaba algo, la familia.

Llevábamos apenas un par de meses viviendo en nuestra casa nueva, cuando el doctor de D—— le ordenó guardar reposo total en cama. Fue durante los meses que siguieron que descubrí el gozo auténtico y la humildad de la vida doméstica. Aprendí, por ejemplo, que hay épocas en las que las ambiciones personales y las metas incumplidas de un hombre se convierten en cosas verdaderamente insignificantes, que hay momentos cruciales cuando, ante los designios mayores de la vida, uno debe simplemente inclinar el cuello, ser un mero instrumento, y que oponerse a los cambios de la vida es una ingratitud y una blasfemia contra la existencia.

Durante esos meses veraniegos nos sentamos juntos durante horas y horas. Cenábamos en el porche y mirábamos las flores amarillas, moradas y anaranjadas del jardín y los vegetales que maduraban; olíamos la albahaca que crecía desproporcionadamente a poco más de cinco metros de nosotros y escuchábamos las hojas del manzano susurrarnos al oído cada vez que la suave brisa pasaba por ahí.

Por las noches, en la sala, me sentaba a los pies de D——. Ella comía helado mientras escuchábamos música. Mientras le frotaba los pies suavemente, yo hacía bromas acerca de mis trabajos forzados y cómo tenía la esperanza de que éstos pagaran mi boleto de entrada al lado brillante de la sociedad estadounidense en algún momento del futuro. Nos reíamos y luego nos poníamos a deliberar con la larga lista de nombres en los que estábamos pensando ponerle a nuestro bebé. Mi lista personal era más bien corta: si era un niño yo quería darle el nombre de un compositor alemán, un filósofo danés o un poeta mexicano. Si era niña, su segundo nombre debía ser de origen náhuatl. El cuarto de nuestro bebé estaba ya listo entonces, los colores eran más brillantes, las paredes estaban cubiertas con calcomanías del alfabeto, árboles y animales: un ave tridimensional agitaba sus plumas color turquesa sobre la mesa de cambiar los pañales.

Semanas después, cuando el bebé decidió que era la hora de llegar, miré a mi esposa justo después del parto. Estaba agotada y sin fuerzas. Pero cuando le dieron a nuestra bebé y la sostuvo por primera vez, su rostro se transfiguró y no quedó huella de cansancio ni de dolor, solo una sonrisa de gratitud inmensa, una sonrisa profundamente agradecida por el misterio de la vida que ella había tenido el privilegio de perpetuar.

Al día siguiente, en la guardería de cuidados especiales, sostuve a mi pequeña hija en mis brazos. Su cabeza estaba cubierta de pelo negro. Tenía, como su madre, los delicados arcos de las cejas perfectamente delineados y, cuando bostezó, pude ver en la parte inferior de sus regordetas mejillas que también había heredado sus elegantes hoyuelos. Así estaba yo, admirando a esta nueva y pequeña persona dormida y quieta en mis brazos cuando ocurrió el milagro: vi sus ojos grandes, oscuros y curiosos abrirse por primera vez y mirarme con atención, como preguntándome: ¿Quién eres tú? ¿Qué haces aquí?

: : :

Cualquiera que haya llegado hasta aquí en la lectura de mi libro, estará de acuerdo en que mi situación personal es muy poco usual para un inmigrante mexicano. Soy el primero en reconocer las peculiaridades de mis circunstancias. He tenido la suerte suficiente para abrirme paso en el tejido social de Estados Unidos y eso ha sido, al mismo tiempo, mi satisfacción y mi pérdida. El mundo que conocí cuando apenas había llegado a Estados Unidos se ha puesto de cabeza. La persona que era ha sido transformada por completo. Ahora, cuando considero la aventura del joven inmigrante que atravesó la frontera hace casi dos décadas, me cuesta trabajo reconocerlo. Esa audacia, esa confianza ante la incertidumbre. Pienso en él ahora y no puedo evitar el sentir nostalgia: es tan ambicioso como ingenuo, con la cabeza llena de ideas pecuniarias. En más de un sentido, encarna perfectamente el perfil típico del inmigrante mexicano: su educación es mínima y viene de una familia de escasos recursos; como la mayoría de los inmigrantes, lo que lo impulsa es la ambición material y cree que el mero acceso a Estados Unidos, así sea colándose por la puerta trasera, es la panacea para todos sus problemas. No tiene idea de lo que el futuro guarda para él: ir de un trabajo mal pagado a otro, aprender inglés, ir a la universidad, volverse traductor profesional, ser dueño de un condominio, escribir un libro, casarse, perder el empleo y convertirse en padre, son cosas que no se puede imaginar en el momento de su transgresión.

Lo único en lo que puede pensar es en la interminable noche que se extiende ante él, en el peso de sus piernas, en las promesas que lo esperan del otro lado. Así que corre y corre hasta que desaparece en la oscuridad, en la inmensa noche americana.

Cada aspecto de mi vida registrado en este libro me ha cambiado de forma permanente. A lo largo de los años, la ingenuidad del joven inmigrante que cruzó la frontera ha ido desapareciendo gradualmente.

La experiencia me ha enseñado que estar en la tierra de las oportunidades y tener un empleo estable no son suficientes para alcanzar la felicidad. Y, por lo tanto, otros rasgos más tradicionales tanto de mi nuevo hogar como de mi país de origen han transformado lentamente a la persona en la que me he convertido.

Soy el producto de un encuentro improbable: el optimismo americano y la astuta osadía mexicana que traigo adentro. Como si fueran las raíces de dos plantas distintas, estas características opuestas se han vuelto cómplices en una lucha subterránea: una nutre la vida que se eleva jovialmente hacia la superficie y la luz, mientras la otra se hunde aún más, como negando la primera. La mezcla resultante es que no me siento a gusto en ninguna de las dos formas de ser. Y necesito las dos. *Soy* las dos. Con un pie en la luz y otro en las sombras, ando de puntillas, guiñando y entrecerrando los ojos cuando la luz se hace muy brillante o me resulta demasiado artificial, o sintiéndome avasallado cuando la oscuridad llega a ser demasiado deprimente o amenazante. Y solo moviéndome a este tempo, al ritmo de este baile de dos pasos de alejamiento, es que me siento a gusto. Algo muy parecido a las comelinas que se acurrucan contra la sombreada reja de mi patio, ansiosas por abrir sus pétalos morados a la luz intermedia y tan veloces para cerrarse apretadamente cuando la luz cae de lleno sobre ellas.

::::

La lección más grande que me ha dado mi experiencia estadounidense es la de la posibilidad. Fue en los escritos de Ralph Waldo Emerson donde tuve mi primer vislumbre del carácter americano, tan evidentemente distinto del mío, tan atrevido y confiado en la capacidad para tener el poder de tomar las riendas de la vida, del destino.

Durante muchos años los consejos que encontré en sus páginas fueron el principio rector que me sostuvo. Pero después de los hechos trascendentales que han ocurrido en mi vida en los dos últimos años, las demandas que la vida me hace son de una naturaleza distinta. Estoy totalmente involucrado, primero, en el cuidado de mi hija; segundo, en el de mi casa y, por último, en la mejora integral de mi vecindario.

En las tardes, después de haber estado en la casa con mi hija, atendiendo todas sus necesidades y esforzándome, sin lograrlo, por encontrar alguna forma de obtener empleo, D—— llega de su trabajo y yo me salgo al patio. El trabajo en ese pequeño universo no termina nunca. Una tarde, después de haber pasado una hora o dos allí, de quitar la maleza de las flores, de podar los rosales y el manzano, de regar el pasto y recoger los vegetales, vuelvo a la casa. A la casa que quizá no logremos conservar, ya que nuestro ingreso quedó disminuido a la mitad después de haber perdido mi trabajo. La noche se acerca y mi día entero se consumió en las tareas domésticas. Al darme cuenta de lo tarde que es, me quejo y me quejo con D——: que ya no me alcanza el tiempo para hacer nada, que no puedo ir a correr ni a dar largas caminatas. Pero lo que más me duele es pensar en los libros que están en el sótano: libros sin leer y acumulando polvo. Y sé que al hacer esto soy un ingrato. Pero también soy un hombre frustrado, incapacitado como estoy para conseguir un trabajo donde me paguen lo suficiente para mantener a esta familia y esta casa. D—— se ve cansada. Tuvo un largo y estresante día en el trabajo. Sus párpados se ven pesados por la falta de sueño. Cuando la veo a ella y a nuestra hijita quedándose dormida en sus brazos, me siento profundamente avergonzado por mi actitud. Ni una sola vez ella se ha quejado por su propia carga, por las responsabilidades que tuvo que asumir cuando se convirtió en la jefa de familia. Lo que ha lamentado y hondamente ha sido el tener que dejar a su hija cuando se terminó su licencia de maternidad. Esta familia está de cabeza y yo me siento culpable, responsable e impotente por eso, a la vez que me siento profundamente agradecido por mi esposa y mi hija. Todo lo que puedo hacer cuando tengo un poco de tiempo es sentarme a escribir. Pero, ¿cómo pagar con escritura la bondad que he recibido en la vida?

∷

Emerson, el sabio de Concord, me puso ideas elevadas en la cabeza, pero fue solo gracias a la astucia en mi ADN mexicano que pude infiltrarme en espacios que de otra forma me hubieran resultado inaccesibles. Nosotros los mexicanos somos maestros en los tratos que se hacen en lo oscurito. Aun ahora, cuando se supone que los avances de la era digital facilitan hasta convertir en tarea fácil la garantía de transparencia de cualquier proceso de interés público, la elección presidencial de México se decide a puertas cerradas. En un país donde el 98 por ciento de los crímenes que se reportan quedan impunes, esto no debería sorprender. Los mexicanos gozamos de una larga tradición de impunidad que cobija la corrupción en todos los niveles de la sociedad. Durante mis veinte años de vida en México nunca tuve la oportunidad de conocer a una sola persona dispuesta a permitir que el oficial de tránsito se quedara con su licencia de conducir cuando podía ahorrarse la molestia que esto significa con el recurso de pagar la "mordida". Y nunca supe del oficial que rehusara el soborno, por pequeño que éste fuera.

Es gracias al choque de estas ideas opuestas —la creencia en la posibilidad y el recurso de la mentira— que la persona que soy ahora fue creada. Lo que no significa que mi paso entre un mundo y el otro sea fácil. Muchas veces, confundido por un matiz cultural o por un diálogo complicado, vuelvo mi rostro confundido hacia mi cómplice secreta y pido una aclaración:

—A ver güerita, dime qué quiso decir ella con eso.

Mi experiencia también me ha enseñado que la supuesta justicia de las instituciones estadounidenses es, como la benevolencia de los fundadores del país, un asunto mítico. Pero lo que el mundo oficial me ha negado, lo encontré en mi propia casa. En los ojos de mi esposa encontré la legendaria generosidad de Estados Unidos, misma que de otra manera yo hubiera encontrado solamente en los discursos de los políticos y los libros de texto más doctrinarios.

Es gracias a mi esposa que me he involucrado más en la vida cívica de la ciudad, que participo en las juntas de vecinos, en esfuerzos para limpiar las calles y mantenerlas seguras. Apenas el otro día recibí una llamada de la oficina de nuestro concejal. Se estaban reportando después de que comencé a averiguar qué se podría hacer respecto de un local de KFC abandonado que se ha convertido en una guarida de vagos. Me preocupa su aspecto, cómo podía afectar el área. Quería saber si habían hecho algo para atraer un nuevo negocio que abriera allí. Una de las cosas que no le gustaban a mi esposa cuando nos cambiamos de casa es que había pocos árboles en la cuadra. Así, este otoño, después de estar dándole lata al gobierno de la ciudad, finalmente logré que plantaran árboles nuevos en toda la manzana.

A veces, el optimismo americano que se apodera de mí llega a molestar incluso a mi esposa. Cuando salimos de paseo con la carriola de nuestra hija por las partes más prósperas de nuestro barrio, cerca del río, donde viven los inversionistas, ejecutivos y cirujanos, siento que tengo la oportunidad de presumir mis recién adquiridos conocimientos y enloquezco nombrando algunos de los árboles, tanto los nativos como los exóticos (D—— pone los ojos en blanco porque sabe lo que viene). Me gusta la misteriosa corteza del sicómoro, cómo se desprende como piel de serpiente, cómo se engrosa su tronco, el verde pálido de sus hojas, lo masivo que el árbol entero puede llegar a ser. En el lado opuesto, respecto a cierta variedad de arce japonés, es maravilloso ver la inversión de sus colores, cómo se vuelve borgoña en la primavera y verde en el otoño; también es interesante ver lo pequeño y compacto que es, como, como, como… no puedo encontrar la palabra que busco, así que le pido ayuda a D——. "Frondoso" le digo, alargando los brazos y curvando las manos como si estuviera sosteniendo una enorme pelota playera. "¿Cómo se dice eso?" "Leafy" me responde. "¿Leafy?" ironizo, sin quedar convencido. El inglés tiene siempre *tantas* palabras para todo. Seguro que existe alguna que se parezca más a la palabra española. La "o" consecutiva de la palabra castellana, le digo, le da un sonido que es, al mismo tiempo, agresivo y temible, un sonido que evoca imágenes de selvas y cuevas y los ecos de cantos masculinos y primitivos. Y luego me arrodillo frente a la carriola y le repito a mi hija, con sílabas exageradas y largas: FROOON-DOO-SO, FROON-DOO-SO. Pero ella está demasiado ocupada mirando a dos ardillas que se persiguen mutuamente en el enorme jardín de la casa a nuestra derecha. Luego, mirando hacia arriba, hacia las copas de los árboles que dan su fresca sombra a nuestro paseo, le digo a D—— que algún día nuestra cuadra se verá igual. Ella sonríe con escepticismo. La próxima vez que hablo con mi madre por Skype, estoy furioso por una noticia que recién leí. Le echo un rollo acerca de "esa gente", quienes mutilaron las copas moradas de treinta jacarandas en flor en el periférico de Guadalajara para que, desde abajo, se pudieran ver mejor los anuncios espectaculares. "¡Pinches animales!", le digo.

Este verano, temprano en las tardes, salgo a regar el pasto y el pequeño jardín frente a nuestra casa. Miro a mis vecinos, los antiguos residentes de esta cuadra. Este barrio, me dice mi esposa, es uno de los más diversos de la ciudad. Hay gente de Puerto Rico, Filipinas, Europa oriental, Sudamérica, el Medio Oriente, África. Al principio de la primavera me vieron sembrando de nuevo el pasto. Después, regando nuestros nuevos árboles. Luego me vieron diciéndoles a los jardineros que quería que quitaran esos anticuados tejos japoneses. Ahora me ven cuando salgo y riego las plantas florecientes y el pasto. ¿Qué pensarán de mí? Hasta ahora probablemente piensan que me gusta pasar tiempo afuera en el verano. Pero en algunos años, cuando llegue la gentrificación, estos viejos residentes —la mayoría de los cuales están retirados y viven de sus pensiones— me culparán.

Son las 6:10 de la tarde y otro tipo de gente comienza a pasar frente a mí. Son los nuevos residentes de esta cuadra, jóvenes profesionistas que vuelven a casa después de su trabajo en el Loop, el centro de la ciudad (¿por qué no están *ellos* involucrados con el comité vecinal?). A veces, cuando salgo por las mañanas a pasear a la niña en la carriola, los veo irse.

No hace mucho, yo era indistinguible entre ellos, yéndome en el L a trabajar. Pero ahora paso casi todo mi tiempo en casa, y para cuando vuelven, ya terminé de regar el pasto. Me dicen hola, y yo los saludo también. Me pongo contento y orgulloso cuando me comentan acerca de lo lindo que se está poniendo nuestro pequeño y colorido jardín, pero cuando se van siento envidia. Es la misma y vieja envidia del garrotero cuando mira a los comensales de la mesa de al lado mientras él se inclina a levantar los platos, sacudir las migajas y reacomodar las sillas.

Entonces miro hacia la ventana. Mi hija y mi esposa están juntas, asomadas. Mi hija, cuyo nombre significa "estrella clara", aprendió hace poco a saludar con la mano y ahora me saluda con entusiasmo. Yo agito la mano en respuesta.

Somos un reflejo perfecto de este barrio. Somos una familia bilingüe. Somos una familia moderna: una mujer blanca americana que se va a trabajar por las mañanas y un hombre perteneciente a una minoría, que habla con acento y que se queda en la casa a cuidar a su bebé. Cualquiera que nos vea pensará de inmediato en lo afortunados que somos, que nuestra vida es perfecta. Pero de la incertidumbre que reina en esta casa, de la impotencia que se hincha como un globo, de la oscuridad que se cierne cada vez más grande sobre nosotros, de eso no saben nada. Y es mejor así. Mejor que nos vean y nos consideren extraordinarios, a que nos miren con lástima y conmiseración.

Me doy cuenta de que, de nuevo, estoy practicando este monólogo interno cuando descubro que muchas de las hojas del pequeño árbol de humo que planté hace poco se ven un tanto decaídas. Están secas, tristes, tienen un color café, y mi único deseo es que el pequeño árbol sobreviva este año. Me le acerco con la intención de podarlo. Me arrodillo para hacer un corte limpio, pero entonces veo dos pequeñas hojas verde limón que brotan de la parte inferior de una rama que comenzaba a pudrirse: ¡un árbol tan pequeño y ya con una vida tan complicada! Miro hacia arriba y, otra vez, veo a mi esposa y a mi hija. Están sonriendo. Corto las partes marchitas de la rama y dejo los brotes nuevos expuestos. Mañana por la mañana recibirán la luz del sur. Me guardo las tijeras de podar en el bolsillo trasero. Mi trabajo en el jardín ha concluido por hoy.

Antes de entrar de nuevo en la casa, miro hacia la ventana y me siento reconfortado por la visión de mi esposa y de mi hija: como dos centinelas celestiales que vigilaran este limbo donde habito, han estado de pie cerca de la ventana, mirándome todo el tiempo.

JOSÉ ÁNGEL N. es escritor y traductor. Sus ensayos se han publicado en revistas culturales en México y Estados Unidos.

VERÓNICA MURGUÍA es escritora y traductora y radica en México.

The University of Illinois Press
es un miembro fundador de la
Association of University Presses.

———————————————

Tipo de letra: 10/14 Sabon LT Std
con tipografía de presentación de Helvetica Neue
Composición por Kirsten Dennison
de la University of Illinois Press
Diseño de tapa por Dustin J. Hubbart
Ilustración en la tapa: *Un Mundo Libre; Sin Fronteras*,
2018. Técnica: acrílico sobre papel de corteza.
Autor: pintor azteca náhuatl Nicolàs De Jesús, Ameyaltepec,
Guerrero, México, Región Náhuatl del Alto Balsas.
Impresión de Sheridan Books, Inc.

University of Illinois Press
1325 South Oak Street
Champaign, IL 61820-6903
www.press.uillinois.edu